포엠포엠
POEMPOEM

2015 Kim Sin yong

버려진 사람들

포엠포엠 시인선 009

버려진 사람들

김신용 시집

시집 『버려진 사람들』 1988년 초판. 고려원

■ 시인의 말

1

나는 모든 버려진 것들을 사랑해야 했다. 바라보면 언제나 막막했던 시멘트의 벌판, 서로의 체온으로 천막삼아 추위를 이겨야 했던 날들…….

그 황량한 삶 속에서 모든 버려진 것들을 사랑해야 했던 나의 사랑법.

그것은 내 생존 방법이었으며 내 시의 명제이자 출발점이기도 했다.

2

오늘도 어두운 삶의 현장에서 신음하는 모든 이웃들에게 이 시를 바친다.

1988. 10.
김 신 용

차례

시인의 말 · 7

1부

모스크바에서의 하루 · 13
새 · 15
꿈꾸는 자의 잠 · 17
그리고 아무도 오지 않았다 · 19
移監 · 20
밤길 · 22
작은 告白錄 · 24
비단길 · 26
풍경 · 1965 · 28
걸레꿈 · 30
뱀 이야기 · 31
미꾸라지 노래 · 33
중랑천변 · 35

그 황량하던 날의 우화 · 37
불빛 하나 · 39
어둠에 대하여 · 40
그 여름의 殘影 · 42
풍경 · 幼年의 꿈 · 44
잡풀의 詩 1 · 46
잡풀의 詩 2 · 48
풀잎斷章 · 50
어느 행려병자의 노래 · 52
이 땅의 풀잎 · 54
뇌염모기 · 56
비 오는 날 · 58
풍경 · 1969 · 59

2부

지렁이의 詩 · 63
미치지 못해 부르는 노래 · 65
밤 · 탄촌 · 귀가 · 67
더 작은 告白錄 · 69
엑스트라 · 71
겨울비 · 73
지게의 詩 · 75
續 · 지게의 詩 · 77
우리들의 안개 · 78
겨울 함바에서 1 · 81
겨울 함바에서 2 · 83
달팽이 꿈 · 85
못 · 87

잡부일기 1 · 88
잡부일기 2 · 90
잡부일기 3 · 92
잡부일기 4 · 94
잡부일기 5 · 96
잡부일기 6 · 98
잡부일기 7 · 100
잡부일기 8 · 102
잡부일기 9 · 104

3부

청계천 詩篇 1 · 109
청계천 詩篇 2 · 112
청계천 詩篇 3 · 114
일일취업소에서 · 116
백치의 달 · 118
미운 오리새끼 · 120
續 · 미운 오리새끼 · 122
그들의 봄 · 123
스냅사진 · 124

무언극 · 125
陽洞詩篇 1 · 126
陽洞詩篇 2 · 128
무지개 · 130
신도안 가는 길 · 131
기억 속의 바다 · 133

■ 작품 해설 | 어둠을 밝히는 사랑의 詩法
— 이숭원(문학평론가, 서울여대 교수) · 138

1부

모스크바에서의 하루

기상나팔 소리 잠의 문에 열쇠를 꽂는다
우리는 모두 정신병자라고, 전과 3범 이상
누범자들만 수용하는 5공장 아침이 열리면
모스크바라 불리워지는 강제 노역장이 펼쳐지고
그리고 너희들은 일반인과 같이 취급할 수 없다는
담당 교도관의 훈시가 쇠창살 틈 햇살로 스며들고 우리는
가전제품의 전선들을 말초신경까지 납땜질한다
흑백 브라운관을 가슴으로 재생하기 시작한다
삼등식 한 덩이로 충전된 몸
죄는 미워하되 사람은 미워하지 않는다는 곳
죄를 담은 이 육신덩어리 어쩌지 못해 오후는 오고
삼청교육 호루라기 소리의 가지에서 운동장으로
우수수 떨어지는 罪果들
목봉을 들고 죄의 씨를 후벼내야 한다
무거운 모랫가마니 업으로 울러메고, 선착순
피티체조의 율동으로 후회의 반복 구호를 호명하면
목청 쉬도록 싸나이로 태어나 할일도 많은데
하필이면 죄인이 된 싸가지 없는 우리들은 삼청교육에 대한
반성문을 썼다 囚番으로 살아 있는 생에 대하여
그 껍질 허물 벗어야 할 사회에 대하여

이 황송한 은혜의 시간 베풀어 준 국가에 대하여
온갖 미사여구의 참회의 눈물 얼룩진 반성문을 쓰고 나면
폐방의 어둠 자물쇠가 걸리는 저녁, 감방
교관들의 점호와 함께 또 터지는 주먹수류탄을 피해
그 작은 뺑끼통 속으로 기어들어 겹겹이 포개지는 인과들
다시 뺑끼통에 수류탄이 터지면 복도로 뛰쳐나와
무수한 생의 파편이 되어 흩어져야 하는 응보들
이윽고 취침나팔의 자장가가 넋의 뼈에 채찍으로 감기면
우리는 꿈속에서도 목봉을 들고 모랫가마니를 울러메고
피티체조를 한다
그래, 우리는 모두 정신병자라고.

새

갑작스레 불려 나갔다. 운동장에는
빨간 모자의 독수리의 눈이 붉게 충혈져 있었다
교관은 무조건 팬티만 남은 알몸이 되게 했고, 우리는
맨대가리로 원산폭격을 하고 한강 철교가 되어 워커발에 폭파
되었다 앞으로 취침 뒤로 취침 대가리 꼬나박아
우로 삼보 좌로 삼보 흙바닥에 김밥말이로 뒹구는 동안
무슨 영문인지 몰라 어리둥절했다. 舍房과 공장의 창살 틈에
숨은 눈망울들이 킥킥거렸지만 높은 벽돌담만은 엄숙했다
맨바닥에 배때기를 깔고 팬텀기를 아무리 날려도
푸른 하늘은 시침 뚝 떼고 은유의 비행운만 흘리고 있었고
팔월의 햇살은 까진 무릎과 등짝에 소금을 뿌렸다
남한산성에서 특수교육을 받고 왔다는 젊은 교관은 어머니의 사랑이라는
빳다를 끄을며 조금만 요령 부리는 자가 눈에 띄면
그 무한한 사랑을 베풀며 소리쳤다. 누구야, 빨리 나왔!
두 손 깍지 끼고 엎드려 뻗쳐, 아무도 일어나지 않았고
조금 전에 삼청교육 뺑뺑이를 열나게 돌아 막 여우오줌
목욕을 끝낸 터라 모두가 앙칼진 기합의 발톱에 채여서도
눈만 휘둥거렸다. 그때 교관이 백지 한 장을 쳐들었다
반성문 이 따위로 쓴 놈 빨리 나와!

모두가 대낮처럼 밝은 백지를 보며 눈부셔 했다
그 눈부신 어질머리 속에서 나는 한 마리 새가
조롱을 박차고 날아오르는 것을 보았다. 푸른 하늘
높이 높이 상형문자 나래치는 것을 보았다
백지에는 이렇게 씌어 있었다. 좆 · 바 · 하

꿈꾸는 자의 잠

병 속의 새는 날개 꺽꺽 울고 있다

창살에는 구름이 아무렇지도 않은 얼굴로 걸려 있고
숨어 몰래 뺑끼통의 시멘트 바닥에 갈고 갈아
날을 세운 칫솔대로 성기에 타원형의 플라스틱
다마를 박으며, 마치 나래처럼
황홀히 사지가 뒤틀리게 생살을 뚫는 아픔으로
꿈틀거리며, 날고 싶어
숨어 몰래 피우는 담배 한 모금, 온몸 마비시키는 그 살아 있음의 확인
입고 있던 내의마저 벗어 맞바꾸며
꿈꾸는 짐승의 뱃속에서의 잠.
그러나 목이 좁아 꺼낼 수도 깨뜨릴 수도 없는 병 속의 새,
화두가 적힌 책을 덮으며 일요일
늦가을 적막이 깔린 뒤뜰에는 오동잎이 지고
관자재보살도 일체고액의 발자국 남기며
지나가는 바람 한 줄기,
계간을 하다 독방에 갇힌 무기수의 새 한 마리
창살 밖으로 아무리 날려 보내도 되돌아오는 새
밥알을 씹어 먹이를 주어도 끝내 거부하며 굶어죽어 간 새

그 불가사의한 죽음에 머리 갸우뚱 이며
다마를 박으며, 배 터진 개구리의 뜨거운 피를 탐닉하며
마치 아카루스처럼
그렇게 나래를 만들며, 출감 때
해를 향해 날아오르고 싶어 꺽꺽거렸다

영혼이라는 올가미에 목을 매달고……

그리고 아무도 오지 않았다

문신을 새길꺼나, 용의 머리가 되려다 칼치
대가리가 된 용, 이런 것을 이무기라 하나, 늪은 깊고
빠져들면 사람 형체도 남지 않는 감옥은 깊어
지렁이를 닮더라도 뱀을 새길 꺼나, 그리운 얼굴
먹물로 스쳐오는 眞如 그리운 이름 바늘 되어 살을 파고들 때
폐부에 각인되는 문신을 새길꺼나, 끌려온 독방
앞을 지나는 무심한 구두 발자국 소리에도 가슴 철렁
내려앉는 기다림에 지쳐 하트 무늬에 꽂힌 단검을
새길꺼나, 복수라는 銘文이 음각된 소리 없는 외침
퍼져가는 햇살의 白沙 눈부신 뜨락, 엽서에
백지로 봉함된 그리움 아무리 띄워도 수취인이 없어
가랑잎만 한 잎 두 잎 머리 떨구고 지나가고
그 흔적 지우며 바람이 따라가고 그리고 적막
깨금발로 서도 닿지 않는 손수건만한 창밖으로 나부끼는
내 손짓, 텅 빈 공상, 접견실 쪽의자에 앉아
애인아, 오는 데는 이틀 걸려도 만나는 데는 단 오분뿐이구나
그 그늘진 얼굴 등에 관음상으로 새길 꺼나
우리에겐 내일이 없다고 회벽에 손톱 다 닳도록
새길 꺼나, 온몸이 만화방처럼 우스꽝스러워지도록
이 기다림의 문신 새기고 새겨도 무심히 구두 발자국소리
잎 지는 소리 바람소리

移監

닭장차에 나는 작은 감옥 하나를 싣는다. 세포분열을 위해 수의를 입은 아메바,
수갑과 포승에 엮여 굵은 철망으로 세상의 모든 풍경을 차단한 채
또 하나의 감옥으로 떠난다

가슴 찌그러진 붉은 벽돌 건물들의 동네, 거미줄에 싸인 넋의 골방, 어둠 서성이는 뚜쟁이들의 거리를 몸 허물며 스며들던 양동의 날들
뼈 앙상한 지게, 그 가난의 쇠창살에 갇혀
넝마의 바람 속, 부랑의 머리칼 풀어헤친 잡풀의 길을 따라

뿌리 없는 알몸이 떠난다
가다밥 한 덩이가 목말라, 추위의 칼날 막아주는 벽이 더 그리워
囚番으로 다시 이름 짓고 일 년 징역 보따리에 태아 처럼 싸여
빨간 줄그어지는 原籍, 내 본능의 신분장에 새로운 출생 신고를 하기 위해
겨울의 알몸 속으로 떠난다

다시 봄이 오면
또 하나의 감옥으로 내 분열되더라도……

밤길

감옥은 또 하나의 자궁,
칼과 마스크를 샀다. 초승달 가슴 서늘해
마지막 돈으로 쇠주병을 나팔 불었다. 밤은
부끄러운 내 넋의 뼈의 가면이 되어 주었고
80년 오월, 계엄령의 깊은 밤길을 무작정 비틀거렸다.
서울 지게꾼 십 년에 온몸 골병만 꽃피어
찾아온 고향 부산항 해골 모습이 너무 눈부셔
예나 변함없이 뻥 뚫린 내 두 눈의 등대가 바라보는
남항은 구더기의 배들이 꼬물거렸고, 그 앙상한
파도의 늑골에 낀 폐유 찌꺼기로 나는 찌들어 있었다.
감옥의 그 포근한 어둠의 羊水에 묻혀 또
다시 태어나고 싶었다. 취기는 다 부서져가는 지게
모습의 내 그림자를 쥐새끼처럼 갉고 있었고
눈 멀어 귀 멀어 자꾸만 비틀거리는 어둠 속에서
손전등 불빛이 작살처럼 꽂혀 왔다.
황홀히 파닥이는 물고기, 눈 떴을 땐
유치장의 창살이 타는 듯 목말랐다. 비둘기들은 지하실의
긴 의자에 머리만 뚝 떨어지게 사지를 묶어주었고
수건 씌운 얼굴 위로 물주전자를 들이밀며 환영해주었다.
그리고 속삭였다. 심장마비를 예방하는 마사지의 손길로

초상집에 왔으면 부좃돈은 내놓고 가야지, 나는 개처럼
헐떡이며 어릴 적 쌈짓돈 훔친 것까지 토해내야 했다.
살려달라고 더러운 쥐새끼라고 덜덜 떨며 닭꼬지로 꿰어져
이틀 밤 물통에 머리를 더 처박고서야 비로소
강도예비라는 이름의 자궁행 차표를 손에 쥐고 안도했다.
그 밤길.

작은 告白錄

그렇게 빈혈의 가을도 갔다.
이제 더 팔 피도 없는 여름, 햇살 누런 눈곱 떨구며
적십자병원 뒷담 밑에 웅크리고 앉아
배고픔은
그 쇠잔한 해바라기 한 그루,
지친 잎의 무릎 속에 얼굴 파묻고 있을 때.

바람은
흰 가운의 의사, 내 의식의 뿌리
채혈의 주사바늘 쓰레기통에 버리며 뒤돌아서던
그때.

온몸 관절 무너뜨리며 젖어들던 해거름 속, 저도 모르게
陰毛처럼 잡풀 무성한 어둠의 은밀한 눈빛 따라 나는 일어서
고 있었다.

몽유병자처럼, 가을 건너편
겨울 성형외과의 흰 벽속으로, 공복의 깊이만큼 눈멀어 귀멀
어
그 여름, 허기의 채혈병 속으로 빠져 나가버린 생의 피톨들

시든 혈관 속을 다시 흐르게 하고 싶어, 단돈 팔백 원의 수수료를 얻으려고
　정관 수술대에 누운 내 텅 빈 스물 두 살의 알몸,

　하얀 시트가 깔린 이 땅, 저 겨울의
　神의 메스, 추위가 지나간 자리
　목이 잘린 내 꿈의 정자들, 해의 백열등 아래서
　어떤 살을 갖다 붙여도 사람 형체가 될 수 있는 뼈다귀 하나로
　파아랗게 돋아나고 있었다. 그 어두운 학살의 땅엔 흰 壽衣를 펴들고 막 첫눈이 내리는데……

비단길

삽질을 한다. 낙타는 쉼 없이 사막을 걸어갔다.
모래 가득한 질통을 지면
등의 혹 속에 비장된 물이 맑게 출렁거렸다.
저 층층으로 이어진 쇠빠꿈이 계단, 높이 오를수록
발밑으로 무수히 뚫린 구멍 따라
세상은 모래처럼 새어나가고, 현기증 노란
햇살 속, 신기루 같은 도시가 떠오를 때
砂丘로 부풀어 오르며 모랫바람이 휘몰아쳐 왔고
낙타는 결코 눈을 감지 않았다. 그 짙은 허망을 걸러내는
속눈썹 속의 눈은 沙塵 같은 거대한 콘크리트의 浮彫속에
숨겨진 꿈의 돈황을 보고 있었다.
변두리 종점을 걸어 나오는 새벽길 따라
가슴 몇 번이고 무너져 이룬 斷涯,
바람도 삭발하고 지나가는 그 설움의 골짜기
거기 우리 千佛洞 판자촌의 사람들
필생의 땀으로 제 가슴 후벼 저 무수히 뚫어놓은 굴,
속에 새겨진 석불, 모든 것에 미소 지을 수 있는 얼굴을 찾아서, 삽질을 하면
낙타는 쉼 없이 사막을 걸어갔다.
언제나 모래 가득한 질통, 등의 혹 속으로

물이 맑게 출렁일 때 낙타는 온몸으로 길이 되어
사막을 뚜벅뚜벅 살아가고 있었다.

풍경 · 1965

역은
언제나 성기였었어
우리는 자궁을 찾아 헤매는 정충들이었고
밥 한 그릇, 하룻밤 따뜻한 잠자리의 난자를 만나
꿈의 羊水 속에 포옥 파묻혔다가
다시 태어나고 싶었어
꽃처럼
다른 욕심은 없었어 무작정
양생이 질로 숨어 탄 완행열차는
밤의 膣속에서 숨 가쁘게 헐떡이다
어느 이름 모를 역에서 부르르 진저리를 치면
풀씨처럼 우리는 흩날리곤 했어
일터를 찾아, 오직 살아남기 위하여
억새풀 속에서
허리 부러져 신음하는 길을 따라
부랑의 머리칼을 휘날리는 바람 속에 서면
세상은 빈 쓰레기통으로 덜그럭거리고
속절없이 내리는 어둠의 휴지에 닦여
절망의 모퉁이에 머리를 찧으며 처박히곤 했어
몸을 팔며 혼을 팔며 어둠 속

그 겨울의 山河
난자 하나, 먼 마을의 불빛을 따라
바람의 손에 목덜미를 이끌려 떠돌다 지치면
밤의 긴 그림자를 끌며 다시 찾아드는 곳
역은
언제나 성기였었어

걸레꿈

돌을 던지지 않는다 더러움에게
오히려 온몸을 던진다 간음을 껴안기 위해
우리들이 먹고 걷어차 버린 깡통처럼
찌그러진 삶 속에 눕는다
어둠에 묻혀, 생의
그 아픈 상처 속에 맺혀 있는 탯줄, 그 젖의
고름을 빨며, 나환의 살을 껴안고
오래 오래 황홀하게 썩는다
썩어, 더 썩을 것이 없을 때까지
썩어 비로소 완성되는 사랑,
모든 버려진 것을 향해 열린 五官으로
휘파람 소리로 날아드는 새, 세상의
온갖 진애의 발등에 입술을 부빈다
洗足禮이듯, 입술 부벼 스며든 생활의 발아래
기꺼이 짓밟히는 모성, 깨어지는 몸짓의
그 열락의 날갯짓 따라 흐르는 삶의 분비물조차
제 피가 되어 끝내 쓰레기통에 처박혀도
돌을 던지지 않는다
차라리 온몸을 던져 더러움 속에 눕는다

뱀 이야기

내 몸에는
뱀의
문신이 있어요

어두워지면
똬리를 풀고
온몸을 스물스물 기어 다녀요

짓밟히고 골병이 든
풀숲에서
등에 꽃무늬 선명한 독사

양심처럼
맑디 맑은 이슬만 먹어요

이슬을 잃어버린 사람들은
뱀만 잡아먹어요

어쩌나, 내
뱀의

두 개의 성기는
자꾸만 새끼를 치는데……

미꾸라지 노래

꼴같잖은 몸부림 하나가 맑은 물
흐려 놓는다고 그대들
손가락질을 하지만, 이렇게 뻘 속을 기며
언젠가는 용이 될 꿈을 꾸고 있는 것은
빗줄기를 탈 수 있는 날렵한 재주 때문이 아니라
요리조리 손가락 새로 잘도 빠져 달아나는
세상살이 요령 때문이 아니라
볕 한 점 들지 않는 하꼬방에 살다보면
병균도 같이 몸을 푸는 빈곤과 함께 살다보면
차라리 흙탕물 속이 요람이던 것을
햇살의 투망을 미끈하게 헤쳐 가는
어둠 한 마리 되는 것이 사는 몸짓이던 것을
그러나
아무리 익숙하게 헤엄쳐 다녀도 그 흑탕물 속
독처럼 배어드는 가난의 잠 속으로
어쩌다 소나기라도 쏟아지는 말이면 소스라치게
몽유병자처럼
몽유병자처럼 빗줄기를 타고 하늘을 오르는 것은
그래도 사람이 사는 빈민촌
아무리 헹궈도 잘 지워지지 않는 뻘내 같은

사람 냄새 때문일까
문득 잠 깨어보면 어느 알 수 없는 동네,
이름 모를 길 위에 팽개쳐져 홀로
몸부림치고 있음은

중랑천변

꿈꾸지 않으면 우린 싸늘히 식어,
뼈마디마다 놀 붉게 타는 걸음으로
중랑천을 흐르면
행상 나간 어미 기다려 아이 녀석
허기 아련한 해거름 턱 괴고 앉은 둑길
왼종일 서울의 햇빛 머금고 흔들리고 있던
갈대의
눈시울에 종이배를 띄운 낮달이
이울고, 쭈그러진 냄비 숟가락 몇 개 달랑이며
하꼬방을 짓는 땅거미 속에는
만주벌판에서 행려병자가 되어 돌아온
바람이 아직도 비틀거리고
유기옥 유기옥 목발을 짚고 오는 어둠도 보여
눈 감으면 아득히 벽이 되는 밤
지게로 질통으로 이 하루 허리 휘도록 져 나른
우리들의 뿌리
이 저녁 길을 걸어 와 어깨 허문 변두리
초라한 풀꽃의 모습으로 벽에 몸을 묻지만
그래, 꿈꾸지 않으면 우린 한낱 뒹구는 돌멩이
부황기의 뿌리가 얽힌 실향민의 얼굴

달이 뜨면
진달래 붉은 꽃잎 피눈물로 뚝뚝 지고
빈 마을을 지키는 해수 기침 소리 따라
토종개의 순한 눈빛도 지고, 몇 그루 미루나무
야윈 그림자 거느리고 쭈그러진 냄비 숟가락 몇 개
달랑이며 동구 밖을 멀어져 가는 그림자 입에 물고
속울음에 목이 쉰 황토빛 뿌리
잠 못 이루고 뒤척이는 이 중랑천변의 밤에

그 황량하던 날의 우화

나는 언제나 짖지 못했어.
주인의 숨죽인 밤의 인적기에는.
공복의 깊이만큼 무거운 어둠을 메고 오는
낮은 발자국 소리 따라
비수 파름이 날을 세우는 나의 귀,
하꼬방 지붕 너머 달빛도 휘어져 비껴 빛나고
중랑천 꺼멓게 젖은 하늘을 바라보면
하현달, 그 언월형의 등줄기를 타고
아득히 흘러가는 雁行.
허기에 지친 아이들의 오그린 잠 속으로
한보따리 훔친 薄明을 부려놓는
가난의 아비, 가슴 저미는 한숨 따라
새벽이 오면, 처마 밑에 숨어서
가랑잎과 고시랑거리는 바람 앞에 나는
어쩔 수 없이 허어옇게 이빨을 세우기도 하지만
무는 것은 언제나 밤의 옷자락뿐
중랑천에 빠진 저 구멍 난 세월의 신발짝뿐
찬 서리만 이 아리도록 뼛속으로 감겨오고……
가슴 속 피멍 들이는 속울음과
우리 夜行의

어둠 속에서 건져 온 보리밥 한 그릇과의
뼈저린 화함,
칼클 하게 설거지하는 아작의 시름어린 발치에 쪼그리면
아침은
어김없이 손 내밀어 햇빛을 던져 주지만
밥그릇 속엔 언제나 뼈다귀뿐이었어.
살 한 점 없어 더 눈물겨운 뼈다귀뿐이었어.

불빛 하나

　버섯처럼 어둠 속에서 툭 돋아나던……

　뿌리가 없어 차라리 포근한 이 밤의 요람에 살별 하나 뉘어놓고
　흔들어 주는 바람 따라
　균처럼 서성이는 방황, 불빛 하나
　불빛 하나를 찾아서…… 이렇게 점과 점으로 이어진 내 꿈의 菌絲,
　끝 모를 선으로 아득히 이어져서

　찬바람에
　가슴부터 시려와 벌써 나뭇잎 다 져버린 남산 숲길
　길은 발끝에서 툭툭 끊어져 내리고
　자정에 기대선 어둠, 허어옇게 백태가 낀 눈을 껌벅이는
　가로등,
　그 아픈 시선이 바라보는 서울의 夜景, ……이렇게 …… 이 점의 고리들,
　끝 모를 菌絲의 선으로 아득히 이어져서 버섯처럼
　아무도 몰래 가슴 속에서 툭 돋아나던……

어둠에 대하여

그때 그가 나타났어, 마치 幻影처럼

대합실 구석에 나는 걸레처럼 구겨 박혀 있었어. 추위와 허기의
  빨대 끝에서 나는 작은 물방울이 되어 하늘을 향해
  막 날아오르려 하고 있었어, 심장에 깊이 뿌리박힌 凍傷의 한 무더기
  꽃을 꺾어 들고

  가만히 두 손을 내밀어 왔어.
  나를 일으켜 세우는 그의 어깨 위엔 驛舍의 흐린 형광불빛이 은은히
  빛을 퉁기고 있었어,
  밤의 시장이었을까, 굶주려 죽어가는 나를 데려간 곳은
  그리고 맛있는 식사를 시켜 주었어, 쓰레기통을 뒤져
  그는 속삭였어 밥찌꺼기 앙상한 생선 뼈다귀를 내밀며

발가벗어야 한다.

저기 시멘트의 벌판, 불모의 땅이 보이지. 네 풀씨의 넋이 뿌

리내리기 위해서는
 모든 버려진 것을 사랑해야 한다. 남들이 먹고 걷어 차버린 깡통처럼
 쭈그러진 여인의 성기까지.

 그 말을 듣는 순간 나는 그만 토하고 말았어, 내장이 뒤집혀지도록
 토해라, 토해! 등을 토닥여 주며 그는 속삭였어, 지금까지 네가 먹어온 것
 순한 토종개처럼 입고 배워온 것, 잘 길들여진 눈물과 체온들을
 그 토닥임 따라 꾸역꾸역 게워내고 있었어,

 눈을 떴을 때
 타는 구토의 목을 축인 방화수통의 거뭇한 물 위에는 통통 불은 쥐새끼 한 마리가
 허어옇게 배때기를 까뒤집고 있었어.

 전신주에 매달린 방범등의 싸늘한 눈 흘김 속에.

그 여름의 殘影

땅거미가 집을 지을 무렵이면 나는
남대문 시장 바닥을 작은 땅거미처럼 기어들었다
구걸도 매혈도 하지 못한 날
문 닫힌 가게 앞에 버려진 과일 나부랭이를 주워 먹으며
그 밤의 잠자리를 찾아 청과물 골목을 기웃거렸다 남몰래
버려진 과일들은 쓰레기와 함께 썩고 있었고
썩고 있는 사과의 썩지 않은 부분의 살을 베어 물며
결코 채워질 것 같지 않은 공복을 메꾸며
나는 썩고 싶었다
과일의 무르익은 속살 꺼멓게 물들이는 벌레처럼 썩어
이 도시의 달콤한 과즙을 핥고 싶었다
채혈의 주사기처럼 내 구걸의 손은 언제나
서울의 혈관을 파고들어
사람의 뜨거운 피맛을 보고 싶었다
그러나 걸밥을 담은 비닐봉지는 너무 투명해
내 넋의 뼈가 들여다보일 것 같아 부끄러워
문을 두드려 보지도 못하고 돌아 나오는 주택가 골목
밖의 세상은
유리 햇살 속, 반짝이는 常夏의 나라
너무 푸르러 눈부신 하늘을 우러르며 나는

자꾸만 어질 머리를 앓았다
피를 팔아서라도 저 빛 고운 과일 하나 품고 싶었지만
이미 빈혈증이 되어버린 부랑의 알몸이 배회하는
그 여름의 남산공원, 서울역 광장
땅거미가 집을 지을 무렵이면 속절없이
작은 땅거미가 되어 스며들던 청과물 골목
그 고운 과일들의 빛깔로 여름은 무르익어 있었고
거지든 도둑이든 오만가지 빛깔로 무르익고 싶었다
텅 빈 몸 그 달디 단 과육으로 채우고 싶었다
그러나 남몰래
내가 주워드는 것은 썩어 있는 과일들 뿐
그 여름도 썩어 어느덧 가을의 넝마가 덮혀와도
나는 끝내
썩은 과일의 썩지 않은 부분의 살만 이 아프게 베어 물고 있었고……

풍경 · 幼年의 꿈

   말미잘을 폭 찔렀다. 배고픔 속에서 건져낸 환상의 송곳으로
   바닷가의 바위틈에 부끄러운 듯 숨은 성기들은 소스라쳐 몸부림치며
   물을 뿜었다. 예쁜 오르가슴의 비명을 켜고
   내 幼年의 정수리를 꿰뚫고 흐르던 한여름의 햇살 같은 쾌감들

   아버지는 노가다였다. 잠든 숨결에도 시멘트가 묻은 독한 바람이 불어왔다
   모래와 자갈과 철근의 이빨만 으르렁 이는 해풍 속
   풀 한 포기 흔들리지 않았다. 부두 축조 공사장, 쭈그러진 어머니의 자궁 속에
   빛의 기둥을 세우기 위해 땀 흘리던 아버지의 꿈, 기중기는 쉴 새 없이 돌덩이와 콘크리트를 실어 나르고, 알콜 중독의 아버지는 자꾸만 비틀거리고, 가난은
   한 송이 민들레꽃, 바람이 새끼손가락으로 톡 퉁겨도 산산이 깨어지는……

   먼 바다는 허기처럼 노오랗게 떠오르곤 했다. 언제나
   아버지의 완강한 팔뚝, 방파제에 서면

현대식 南港은 부서진 민들레꽃이었다. 해골처럼 뻥뚫린
내 두 눈의 등대가 바라보는
內港의 앙상한 파도의 늑골 사이로 배들이 구더기처럼 꼬물거리며
자갈치로 기어들고, 폐유와 생선 찌꺼기에 싸여 어머니는 이미 폐경기가 지나 있었다.

배고픔처럼
바람이 이빨이 내 목줄기를 물어뜯을 때마다 자꾸만 날이 선
파도의 송곳을 띄워오는 먼 바다, 胎動 같은 그 바다의 숨결을 따라가 보면
바닷가의 바위틈에 부끄러운 듯 숨어 꿈틀거리던 말미잘,
그 살아있음의 몸부림을 찾아 헤매는 나의 두 눈엔
한여름의 햇살이 붉은 혀를 날름이고, 눈물이듯
민들레 씨앗을 품은 송곳은 자꾸만 파르라니 날을 세우고……

잡풀의 詩 1

차라리 매독균이고 싶었어요
언제나 플라스틱 꽃잎만 터뜨리는 그대
시멘트로 만든 성기에 박힌 내
나선형의 뿌리
피고름의 꽃이라도 피워보고 싶었어요
그대 철사로 만든 혈관 속을 파고들어
가득 고인 어둠의 피들을 빨아
잎잎이 노을로 뚝뚝 흐르는
꽃이고 싶었어요
제 어둠의 무게로 스스로 금이 간
저 굳어버린 자궁 속에
악착같이 몸을 묻는 풀씨의
넋, 살별처럼
세상에 머리 위에 가시관으로 빛나고 싶었어요
고난의 못, 이 땅의 사지에 박고
햇살 푸른 황토 언덕에 서서
내 십자가, 타오르는 억새풀 그 질긴 뿌리로
저 콘크리트의 가슴에 그 무엇도 지우지 못할
뱀의 문신을 새기고 싶었어요
살을 파고드는 창날, 이단의

비 내려
혼돈 속에 그대 다시 잠들 때
내 물구나무 선 가나안의 꿈 속으로
피고름으로 빚은 내 사랑의 젖과 꿀이 흐르게 하여
돌무덤 속에
놀빛의 열락에 잠든 진달래
그 선연한 무늬의 내 꿈을 피우기 위해
차라리 매독균이고 싶었어요

잡풀의 詩 2

세모난 대가리 자꾸만 치켜드는 살모사를
잠재워 주세요
바람이 깡통처럼 걷어차 버린 알몸이 나뒹구는 곳
찌그러진 마음 허공 가득 눈에 불 켜고
이 세상의 멱줄기를 향해 번뜩이는 이빨을
쓰다듬어 주세요
그대 자궁 어두워질 때까지 칼날이고 싶어
저 벌거벗은 땅
풀씨 하나 무덤 못 이룬 이 황량한 벌판에서
그대 꿈의 정충하나 서성이지 못하도록
칼날이고 싶어
아무리 갈아도 자꾸만 돋아나는 내 송곳니
다 마멸될 때까지
쥐새끼처럼 그대 골반을 갉고 있는 내 독 오른 눈물
제발 이슬 맺게 해주세요
봐요, 그대 혈관에 주사바늘을 꽂고 있어요
밤의 황홀한 헤로인이 흐르는
내 물구나무 선 뿌리,
파고드는 저 꺼진 마음의 박토 속에
쾌감의 파아란 필라멘트를 켠 이끼,

하늘마저 물들이고 있어요
혀를 날름이는 소멸의 불꽃,
정액 냄새의 달빛 질컥이는 이 땅에
뒤덮인 저 검은 陰毛의 어둠, 제발 벗겨 주세요
몸의 핏기란 핏기 죄다 빨아들이고는 저 끝 모를
허공으로 나를 부화시키는 그 膣 속에서
엉겅퀴 열 손톱 뿌리박아 뼈 하나 문신 새기던
내 성기,

그 삽으로, 곡괭이로

풀잎斷章

자궁 위에
밤의
콘돔이 덮힌다

〈蓮을 먹는 사람들의 나라〉*의
연잎처럼

진종일 햇볕 쌓여 얼음이 되는
땅,

저 시멘트의 벌판에서

오직 성기하나로 알몸 세우네
초록의
오르가슴의 촛불 켜들고

활강하는 바람, 그 투명한 메스의
스키──

돌무덤을 열고 있네

녹슨 비의
바늘을
사지에 꽂고

＊『오딧세이아』中에서. 이 연잎을 먹으면 오직 현실의 쾌락 속에서 살게 된다고 함.

어느 행려병자의 노래

그래, 개나 돼지로 태어날 걸, 잘못했어
뿌리가 없어 이 산천 버려져 떠돌다가
목사슬 이끄는 대로 꼬리 흔들며 따라가며
시래기국 선 밥도 황홀히 받아먹고
畜舍에서도 달콤히 잠들 수 있도록
거추장스런 사람의 얼굴 벗을 수만 있다면
하늘 올올이 철조망에 찢겨도 좋으련만
부랑은 왜 날개 만드는 법을 알게 했는지 몰라
바람 타고 비행할 수 있는 꿈을 알게 했는지 몰라
복지원 쇠창살 속이 얼마나 포근한 조롱인가를
거리에서 배고파 방황하던 자는 알지
목마르면 시궁창 물 할짝이던 나는 알지
강제로 머리 쓰다듬어 주는 노역의 부드러운 손길을
뿌리치고 주인의 다리를 무는 개의 어리석음을
돼지의 어처구니없는 살의 몸부림을
알지, 철조망 너머 푸른 하늘 나래 파닥이는 순간
천지간엔 몰매의 비가 내리고 검은 밤
숲속엔 승냥이의 눈빛이 흐르는 것을
맑은 햇살 속엔 인적기 하나 없는 흰 산이 솟는 것을
아무리 소리쳐도 메아리 없는 흰 산이 솟는 것을

그래, 잘못했어 부끄러운 사람의 얼굴 벗을게
죽으면 마리당 얼마씩 병원으로 팔려가
행복에 겨운 표정의 몰모트가 되고
비명도 즐거운 동물농장의 귀여운 가축이 될게

이 땅의 풀잎

땅 밑을 흐르는 저 뿌리의 몸부림이
곡괭이질이라고 생각하지 않았다. 처음에는
부드러운 아주 부드러운 포옹이라고 믿었다
그러나 어느 날, 속잎이 눈뜰 때
뼈를 깎는 살을 찢기는 그 아픔으로 뿌리는
땅 밑 가장 어두운 곳에서
땀 흘리고 있는 것을 보았다
이윽고 맑은 햇살 속, 떠오른 풀잎의 흔들림
결코 지게질이라고 느끼지 않았다
미풍에 흔들리는 꿈의 요람이라고 믿고 싶었다
그러나 바람 부는 날
아주 미친바람 부는 날
피바람 자욱한 황사의 오월이 왔을 때
가녀린 풀잎 위에 실린 햇살 한 짐 한 짐……
온몸 짓눌려도 생이 마감하는 날까지
그 흔들림으로 져 날라서
어둠 속 저 뿌리의 캄캄한 길 위에
등불로 피워놓는 것을 보았다

분신처럼, 어두운 이 땅 위에

이름 모를 꽃 한 송이 밝혀 놓는 것을 보았다. 아무도 몰래.

뇌염모기

내게 생선회칼은 없어요 어리석게
니뽄도 사무라이 정신도 안 가져요
야구방망이 같은 무지함은 더구나 못 가져요
내가 가진 것은 너무 가늘어 거의 보이지 않는
침이에요
그 침은 무엇보다 피를 잘 빨지요
어둠을 타고 그대들이 잠든 틈을 이용해서
아주 교활하게 흔적도 없이 날아가서
아무도 아지 못하게 야금야금 피를 빨지요
그래야 사람들은 제 피를 잃어버린 줄도 모를 테니까요
베르사이유 궁전을 닮은 사우나탕에서
이태원 그 환락의 거리
영동의 요정의 숲을 거닐기 위해
생선회칼을 휘두르는 사람들을 욕하며 그대들 진저리칠 때
나는 여유만만하게 보이지 않는 침 같은
미소를 흘리지요 내게는 그대들이 모르는
도둑놈촌 같은 은밀한 세계가 있으니까요
정작 그대들을 빈혈증에 걸려 뼈만 남게
야위게 하는 내 침이 무엇인지 아직 모르지요
그럴 거예요 그 침이 무엇인지 알게 될 때쯤은

이미 뇌염에 걸려 멍청해져 있을 테니까요
사지가 마비되어 흐느적거리고 있을 테니까요

비 오는 날

비의
바늘을 닦는다. 녹슬지 않게……
암울한 구름 덮인 이 공치는 날
빗물 스미는 방에 속절없이 갇혀
세상 무너지는 빗소리에 흐르고 있다 보면
구름장 더욱 낮게 고여 오는 가슴 속
비의
바늘, 못이 되어 박혀와도
입김 호호 불어 아픈 마음으로 닦는다.
삶의 터를
진흙탕으로 만드는 저 빗물이
갈증으로 갈라 해진 흙의 입술에
풀잎의
미음 한 술로 적셔지고, 아무도 몰래
땡볕에 몸 비틀던 뿌리에 젖어
꽃 한 송이 떠올려주는 저 비의
바늘,
보이지 않는다고 잊지 않게……
잃어버리지 않게……

풍경 · 1969

 느닷없이 유리창이 박살이 난다 뇌출혈처럼 어느 술꾼의 까닭 모를 몸부림에 깨어진 문으로 바람의 주먹이 튀어나와 드럼통으로 만든 술상에 턱을 괸 흐린 안개의 얼굴을 강타하고 막걸리 한 잔에 막쇠주 한 잔을 섞어 한잔 값으로 파는 남대문 시장 뒷골목 짬뽕집의 짬뽕술 몇잔에 피를 흘리는 겨울 사내들 비틀거리며 벽에 기대선 추위 손가락으로 소금 한 점 찍으면 절망을 찍으면 도시는 하염없이 안개에 젖어 진종일 시멘트의 벌판을 헤매이다 지쳐 짬뽕집을 찾아드는 수많은 부랑의 발자국을 지우는 안개에 젖어 걸어온 길 되돌아보면 그만큼 키가 커있는 어둠 속에는 팔이 잘린 가로수를 흔드는 바람 소리 누군가를 소리쳐 부르는 울음소리 넝마로 너덜거리는 방황만 홀로 세워두고 길은 안개 속에 아득히 지워지고 누구를 찾는지 무엇을 애타게 부르는지도 모르는 넋을 잠재우기 위해 어둠 속 쥐새끼처럼 이빨을 갈고 있는 취기 아무리 아무리 갈아도 자꾸만 돋아나는 그 허망의 송곳니에 갇혀 나는 어느새 안개가 되고 눈이 부시도록 투명한 유리의 겨울 온몸 부비며 스며들어 얼굴을 지우고 가슴을 지우고 아 허망마저 지우고 나면 수없이 턱을 강타하는 하늬바람 속절없이 노숙의 잠자리에 추락하는 넋이여 상처 속을 파고드는 균처럼 시멘트의 살 속을 파고드는 풀씨처럼

2부

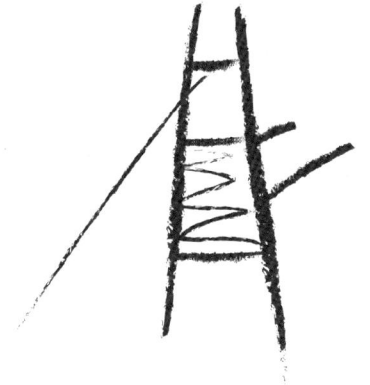

지렁이의 詩

그저 온몸으로 꿈틀거릴 뿐, 나의 노동은
머리가 없어 그대 위한 기교는 아지 못한다
구더기도 하늘을 날 수 있는 날개를 만들지만
내 땀 다 짜내어도 그대 입힐 눈물
한 방울일 수 없어
햇살 한 잎의 고뇌에도 내 몸은 하얗게 마르고
天刑이듯, 그대 뱉는 침 벗 삼아 내 울음
알몸 한 벌 지어 오직 꿈틀거림의 영혼에게 입히겠다
그리하여 고난과 설움에 지친 그대 문득 어둠을 볼 때
징그러운 몸짓으로나마 꿈틀거림의 노래를 들려주겠다
이 세상의 모든 빛,
그대 사랑에게 겸허히 잡혀 먹히어 주겠다
나를 지킬 무기는 없어
비록 어둡고 음울한 습지에 숨어 징그러운
몸뚱이끼리 얽혀 산다 해도 어둠은 결코
謫所가 아니다 몸뚱이가 흙을 품고 있는 한
간음처럼, 대지를 품고 있는 한
우리 암수의 성기가
사흘 밤 사흘 낮을 몸 섞는 풍요로운 꿈으로
모든 버려진 것을 사랑하는 몸짓으로

그대의 땅을 은밀히 잉태하고 있는 한

미치지 못해 부르는 노래

그대들이 세상의 끝이라고 부르는 막장에서
나는 지금 한 송이 꽃을 피우고 있다
시커먼 탄더미만 시체처럼 누워 있는 땅에서
막아선 어둠의 검은 살 뜯어내며
내리는 뿌리
곡괭이 한 번 찍으면 쩡쩡 짐승처럼 진저리치던
밤
밤은 깊어 저 끝 모를 가난, 자궁삼아
어둠 한줌 불씨로 키워내고 있다
오늘도 어둠 속을 숨어 헤매는 이여
우리 가솔의 잎이여
투명히 핏줄 내비쳐진 빈혈의 두 손 모두어
햇살을 모아다오
우리 고향 버리던 날, 그 간이역 철길 따라
여위어 긴 모가지 떨구던 코스모스
그 코스모스 꽃잎 같은 탄불 적시려고
온몸으로 부채질하는 아낙이여
바람의 발길질에 쭈그러진 몸의 냄비라도
꺼진 이 땅의 아궁이에 올려다오
물은 가슴에 담고

불은 등에 나래로 편 생활을 올려다오
어둠 속을 악착같이 내리던 뿌리
대낮에도 살 섞는 우리 부끄럼 없는 포옹이듯
내 힘찬 곡괭이질 따라
밥내음 곱고 달디단 된장 끓듯 꽃잎 필 때
그 꽃잎, 외풍에 찢긴 상처 속에 새살로 차오를 때
내 비록 이 탄 더미 속 한줌의 허연 뼈로 삭아갈지라도
여긴 더 이상 텅 비인 자궁 속이 아니다
이곳이 비록 세상의 끝, 막장일지라도

밤 · 탄촌 · 귀가

바람이 불면
까마귀 떼 자욱이 날아오르는 저탄장,
막탕의 밀차를 비우면 사방은 언제나 탄가루 같은
어둠이 내려앉고 있었다.
어둠 속, 야근의 칸데라등 점점이 핏발선
까마귀 눈빛으로 떠오르고, 외지를 향해
강철의 촉각 번뜩이는 철길 따라 무작정 걷고 싶은 귀가길,
허망 자욱한 선술집을 들러, 죽기보다
살아가기가 더 힘든 세상을 향해 술사발을 비우면
진폐증처럼 가슴을 짓물러 놓는 판자촌이
산비탈 따라 가득 허물어져 오곤 했다.
옆구리에 달캉이는 빈 도시락만한 안식과
검은 땀 찌든 작업복에 감싼 한줌 사랑을 지키기 위해
목이 긴 장화에 두 다리 힘줄 앙상한 삶을 담고
우리 가난의 막장, 자그만 몸부림에도
쉬 무너져 내리는 갱도 깊숙이 생나무 곧은 척추를 세우고
돌아오는 또 이 하루,
살 푸른 풀 한 포기 흔들리지 않았다.
흘러내린 땀 고여 철벅이는 장화 속처럼
온몸 수상한 포르말린 냄새만 가득 차오르는 밤,

비틀거리는 발걸음마다 까마귀 푸드득 나래치는 탄촌,
차라리 저 어둠에게 몸 던져주고 어둠이 되고 싶었다.
어둠이 되어 썩고 썩어 쥬라紀 한줌 흙이고 싶었다.
그러나 얼마나 깊은 곳일까. 우리 가난의 막장은
이마에 매달린 안전등으로는 확인할 수 없는
거꾸로 선 밤하늘, 더러 살별로 흐르는 아이들
그 아픈 시선의 곡괭이질에 가슴 다 퍼주고 나면 어느새
동발도 삭아 등이 휘어진 산, 등성이에 떠오른 달은
한 알의 나이드라지드,
시름으로 퍼부어 내리는 달빛 속에
몸을 묻으면 산비탈을 오르는 바람 소리만
기침이듯 자지러지고…… 그러나
저 산의 가슴마다 무수히 뚫린 空洞에서
객혈이듯 해가 뜨는 아침이면
균처럼 막장을 파고드는 곡괭이의 모습으로
허리 휘어 걷고 있는 또 이 밤의 귀가길.

더 작은 告白錄

오늘 지게를 잃어버렸습니다.
피를 팔아 마련한 그 지게를
상점 앞에 세워두고 짐을 가지러 간 사이
내 꿈은 깜쪽같이 사라져 버렸습니다.
차디찬 바람만 오가는 거리에 망연히 서서
그 도둑을 원망하며
지게까지 훔쳐야만 하는 이 세상을 저주하며
하늘을 향해 침을 뱉았습니다.
그러나 흩날리는 가랑잎 아무리 눈 흘겨도
서울은 표정 하나 변치 않는 겨울.

사흘 동안 거리 곳곳을 배회했습니다.
배고픔의 사막을 건너게 해줄 낙타를 찾기 위해
내 분신을 찾기 위해

다시 피를 팔아야 했습니다. 사라져 버린 내 모든 것의 전부인
지게를 얻기 위해

오늘도 공쳤습니다.
빈 지게 위의 허공이 동전 한 닢의 갈망만큼 무거운 하오,

길가 담벼락 양지 녘에 해바라기되어 지친 몸 쉴 즈음
낯선 지게꾼 하나가 다가왔습니다. 순간
내 속눈썹에 고인 햇살이 톱날처럼 번뜩였습니다.

이 지게 도둑놈! 그러나 다 부서져가는 지게처럼 그는 늙어 있었습니다.

연체동물처럼 흐느적거리며 지게를 빼앗긴 그는 뒤돌아섰습니다.

관절 마디마디 무너져 내리는 모습으로 자꾸만 뒤돌아보며 또 뒤돌아보며……

바라보는 내 눈가엔 햇살의 톱날이 더욱 잘게 부서지고 있었습니다.

그러나 어느새 나는 뛰어가 그 무너져 내리는 몸짓에 지게를 입혀주고 있었습니다.

그것은 내가 져야할 최후의 짐이었기 때문이었을까요?

엑스트라

그는 합판으로 만든 조선의
장돌뱅이였고
마그네슘 탄에 물감 피를 흘리며 죽는
병사였다
주인공의 헛주먹에 나가떨어지며
좀 더 폼을 잡으려면 N. G
네 꼬라지를 알아,
감독의 신경질이 은박지 조명 판의
햇살로 눈부시고
그래도 부러워 인상 한 번 더 구기려면
오버액션, 부끄러움의 뼈만 남겨놓고
카메라의 비웃음이 전신을 훑고 간다
그저 주는 대로 먹고 때리는 대로 맞고 죽으라면 죽으면 돼,
언제나 배경으로 흐르며 얼굴도 없이
이 시대의 뒷골목을 스쳐가는 행인일 뿐이지만
의상을 벗으면 그는 이 서울의 시민
보이지 않는 상처와 멍으로 얼룩진 야윈 몸 뉘일
동자동 일세방의 포근함이 저리듯 아파온다
천정에 쥐오줌이 그려놓은 대동여지도를 보며
이 땅의 주인공의 표정을 떠올려 보지만

언제나 한반도의 겨드랑이에 이처럼 꼬물거리는
몸부림
악쓰며 부서지는 빈민굴 사람 사는 소리
주제 음악만 아련해
그래, 내일이면 또 일당 몇 푼에 얻어맞아도
멍 하나 남지 않고
아무리 죽어도 주검 하나 흔적 없는
그림자뿐인 생이 되겠지만
아이에게 꽃 한 송이 쥐어주는 연기를 하고 싶어
언제나 허수아비처럼 배경으로 섰어도

겨울비

1
미명의
사립문 밖
희부연 새벽으로 숨어 서서
고샅길 멀어져 가는 자식의 얼굴
해로 떠오르기를
먹구름 온몸 허물어뜨리던
어머니

손수건만한
공장
창 밖
문득 새의 나래짓 소리 스치면
종일 재봉틀 소리에 몸 다 적셔도
이 차가운 빗줄기 뚫고
나래 꺾여도, 나래 꺾여도
날아가고 싶은 작은
황토빛
새

2
언 땅 다 적시지 못해 우는 그 몸짓은 아름답다.

마른 풀잎의 얼굴 적시지 못해 터뜨리는 그 피울음 더 아름답다.

굳은 시멘트의 가슴에 엎드려 제 체온 다 부어주고 야이어 가는 그 몸짓 더욱 아름답다.

이 무수한 울음 모여 이 땅, 강물 되어 으스러져라 껴안고 있으므로.

지게의 詩

스스로 벼 한 포기 피워 올린 적 없지만
낙엽 지는 몸 하나 그대 빈 들녘을 갈 때
따스한 체온 업고 가는 외투이고 싶다
햇빛 내려 그대 살 맑아지면 내 허물로 벗겨져
바람 따라 홀로 슬픔 데리고 떠나고
마른 덤불 속 헤매다 허리 굽은 풀잎 만나면
등뼈 뽑아주고 눈물처럼 허물어지고 싶다
무거운 짐 져 내 멍에가 될 때
그대 가슴 불 꺼진 방 잠든 아픔을 깨워
수수 한 다발 묶어 꿈으로 불 켜고
마른 땅 씨 뿌리는 마음의 두 손 모두어
그 온몸의 땀방울 이슬로 모아
스스로 허리 펴는 풀잎이고 싶다
야윈 등에 짐 얹지 않는 실낱일 수 없어
덫이 되는 내 마음의 목 내손으로 조른다
한때 내 몸에 돋았던 푸른 잎사귀는 꺼다오
그대 말미암지 않은 뿌리는 지워다오
어깨 허문 마을 밤길 낫날 세운 달빛 아래
내 가난의 관절 삐걱 이는 그림자만 떨굴 때
그림자 짓밟고 싶은 그대 몸부림 아래 기꺼이 부서져

겨울 빈 아궁이 속 땔감이라도 되도록……
온몸 오그린 그대 시린 두 발이라도 적시는 한줌
불꽃이 되도록……

續 · 지게의 詩

더 발가벗어야겠다. 裸木처럼

내가 져날랐던 짐들, 그대 열매로 열릴 수 있게
바람에 마르던 수많은 날들의 잎은
낙엽으로 내리고……
겨울 땅 딛고 선 그대 두 다리로 뿌리 내려
내 짐만이 아닌 모든 이의 짐을 져 나를 수 있는 가지 뻗을 수 있게

저 아스팔트의 꽃, 가로등에 기대에 저물어가는 거리를 보노라면
사무쳐라, 점점이 피어나는 노점의 아세틸렌 불빛
리어카의 화로 위에서
겹겹이 껴입은 일상의 외투를 벗고 있는 그 군밤 한 봉지의
다순 눈빛, 잠든 아내의 젖가슴에 묻으면
몸 오그린 아이들의 꿈속으로 기러기는 날고
검은 매연으로 바람 쿨럭이는 저 밤 하늘가
그러나 숨결 고른 雁行, 제 나래짓대로의 하염없는 흔들림 따라
더 발가벗어야 겠다. 낮게 아주 낮게

우리들의 안개

1
거꾸로 선 삽이 낙락장송을 닮고 있다
자루 빠진 곡괭이가 학 모가지를 하고 있다
근육이 나래가 되지 못하는 시대
긴 인동의 어둔 골방, 아궁이 속
하얗게 자지러진 연탄재가 고고학자처럼
쥬라紀에서 꺼내 온 해골을 꿰맞추고 있는
겨울
그 해골을 뒤집어쓰면
낙락장송이 삽자루가 되려고 몸 비틀고 있다
학 모가지가 곡괭이 모습으로 언 땅을 쪼고 있다

2
鬼面이
웃고 있다. 시멘트의
도시는
연잎처럼 싱싱하다.
사람이 태어나기 전의 모습 같은
얼굴 위로
새가 날아와 앉는다. 미소처럼

鬼面의
이빨이 번뜩인다. 새의
속날개는 흔적 없이 잘려 나간다.
아무리 나래 쳐도 새는
그 인적기 하나 없는 연잎의 철조망을
벗어나지 못한다. 사람들은
그 속날개로 철조망의 숲속에
둥지를 짓는다.
하늘 포근하고 햇볕 그지없이 다사로운
둥지 속, 복지원처럼 달콤히 잠든
얼굴.
鬼面의
웃음은 그 보이지 않는
鬼面마저 지우고 세상의
처음 모습 그대로의 얼굴로 천연스레
웃고 있다.

3
聖. 고문氏께서 살고 계신 法殿의 뜨락

햇살 고운 비둘기 한가로이 모이를 쪼고 있다

그 비둘기는 잡아서는 안 된다는 고정관념의 높은 담
사람을 반으로 쪼개고 세상마저 토막 내고 있다

法典을 펼쳐들고, 돗수 높은 하늘 안경 너머로
법조문처럼 선회하는 비둘기

이따금 생각난 듯 모이를 던져주고 있다

聖. 고문氏, 治國의 흔들의자에 앉아

핏빛 곱게 뿌려지는 그 사람의 살점들을 쪼으며
흰 비둘기 온통 하늘을 푸르름으로 적신다 오늘도

리트머스 시험지 같은 담에 둘러싸여 안녕하신
聖.고문氏께서 살아계신 *法殿*의 뜨락

겨울 함바에서 1

볼펜심에 침 찍어 쓴 이름으로 기러기 날으는
또 하루, 전표로 떼어져 속가슴 꼬깃 접혀지면
떠나야지, 어차피 허물기 쉽게 지은 집. 추위의
루핑과 판자 쪼가리로 얼기설기 바람벽에
걸어둔 작업복 보따리만 챙겨들면
뒤돌아보지 않으리라 이 앙다무는 곳, 겨울
철근의 앙상한 골격만 무성한 공사장 곳곳에
미련 한 무더기씩 모닥불이 피어오르면
젖은 새끼 나무토막 하나라도 들고 모여드는 기대들
이렇게 쉬 떠나지 못하고 망설이는 마음 모여
모닥불 빛에 젖어들면, 그 짙은 공허
헌 잡목을 태우는 불꽃 속으로 겨울 마을이 떠오르고
얼음 아이와 얼음 아낙이 턱 괴고 앉은 고향이 보이고
제 몸 차라리 땔감이 되어
그 얼음 나라를 녹이고 싶을 때, 갈잎 같은 임금
아무리 불 지펴도 제 알몸 하나 모닥불일 수 없어
잠 못 이루고 뒤척이는 밤, 때 절은 이불 밑에서
떠나야지, 또 어느 공사장을 찾아
雁行의 몸짓으로 날고 있는 사람들
그래, 아무리 기둥이 없이 지은 집이라도

바람 불면
열 손톱 후벼 언 땅 움켜쥐어야 하는 이 밤의
함바에서.

겨울 함바에서 2

눈이 내린다.
비록 헐벗은 몸이지만 따뜻이 체온 나누던
판자촌, 헐린 자리
온갖 형태의 돌과 나무가 심어진 정원에
채색된 거대한 아파트의 군락 위에
눈이 내린다.
뜯겨, 그 황량하던 벌판 위의 저 役事
새삼 사람의 무서운 힘을 떠올리듯 내린
눈은 쌓이지만
뿌리 뽑힌 잡초 같은 발자국을 찍으며
바람 불면
뿔뿔이 흩어지던 그 힘의 분산처럼
눈이 내린다.
평당 몇 백 만원의 호화맨션이 꽃핀 자리
산에서 뽑혀 온 돌 하나, 나무 한 그루 값도 못되는
긴 노동의 품삯을 쥐고
지난날 그 황량하던 벌판만이 제 몫인 떠도는 뿌리들
웅크려 떨고 있는 발자국 지우며
눈이 내린다.
흩어지면 더 큰 외로움 저 홀로 얼어붙는 이 저녁

서로의 체온이 더 그리운 겨울밤이 내리고
바람 불면 또 밑둥까지 흔들리는 함바를 찾아드는
추위여
찢어진 판자벽 틈새로 파고든 외풍의 퍼런 서슬에
어둠 한 채 이불 밑, 더욱 몸 웅크리고 누운
잠 속으로
잔뿌리들 서로 엉켜 만리장성 쌓는 모습으로
밤새 사륵사륵 눈이 내린다.
온 세상 하얀 눈꽃 한 송이로 피워 올리며 꿈결이듯
꿈결이듯 눈이 내린다.

달팽이 꿈

비온 뒤
달팽이가 기어간다. 제 뼈로 지은
리어카를 끌고, 그 꿈의
옆구리에 제 몸 바퀴해 달고.

그의 두 다리가 촉각처럼 날름일 때
아득히 길이 보였다.
시멘트 바닥에도 닳지 않을 가죽구두를
낙타처럼 타고 가는 아이도 보였다.
집이며 무덤이 될 리어카 위에서 자라나
지금은 제화공 시다가 된 아이.

수몰의 땅 떠나온 후
아이에게 걸밥을 먹이지 않으려고 혼신으로
길 때마다 둥글게 닳아간 몸,
지금은 고무풍선처럼 얇아진 바퀴
굴러다니느라 여직 뿌리를 내리지 못했지만
―가죽구두를 만들어 신었을까, 아이는……

세운상가 쓰레기 하치장에 놓인 리어카 위에는

비가 내린다. 넝마에 덮인
그의 잠 속으로 오늘 밤도
검은 수몰의 비가 내린다.

달팽이가 기어간다. 제 뼈로 지은
리어카를 끌고, 그 꿈의
옆구리에 제 몸 바퀴해 달고

비가
검은 아스팔트의 강을 흘러간 아침.

못

망치질 앞에 맨대가리를 내민다
우리 서로 떨어져 누워 흔들리고 있을 때
흔들리는 풀잎 엮어 지게 만들어 지고
온몸을 소실점을 향해 져다 부린다
스스로 뿌리라고 여긴 적 없으면서
하찮은 옷걸이 하나도 온 생애로 피워 놓고
흔적 없이 숨어버리는 白民의 땀,
망치질에 맨대가리 피멍 짙어질수록
언젠가 풀씨의 집 한 채로 껴안아 오는 바람
들꽃 입힐 남루도 두 손 모아 떠올려
세상 밖으로 드러난 실뿌리들은
햇살에 더욱 불 달구며, 피도 눈물도 없이
차가운 쇠의 근육의
무덤 속에 눕는다 언제나 자궁인
그 소실점에서

잡부일기 1

민들레 피듯, 비가 오면
젖어 질퍽이는 현장에 있어
우리는 살아 있습니다. 허기처럼
쏟아져 내리는 햇살 속에서 저 미래의
최신공법의 설계도를 읽을 눈은 없지만
몸 하나 삽이 질통이 되어 드릴 수 있습니다.
높은 집 지어진 후, 저 민들레 씨앗처럼
바람의 손에 목덜미를 이끌려 우리 이곳을 떠나더라도.

헐벗은 땅, 삽질로 질통으로 뿌리 내려
어깨살 다 벗겨지도록 철근 져날라 이루어 놓은
이 봄, 땀 흘리고 있는 동안 내 몸은
빛나고 있습니다.
떨어진 벽돌조각처럼 보잘 것 없지만.

모여
벽이 되고 싶었습니다.
녹슨 못 하나라도 가슴 깊이 담고, 봄 언덕
삐걱 이는 바람의 판잣집 한 채 이 악물고 버텨
떠도는 민들레 씨앗

마음껏 두 다리 뻗을 수 있게.

비록 저 난해한 설계도가 가리키는 미래는 몰라도
삽이 퍼 올리는 흙 한 줌의 꿈,
질통 한 짐 꽃피는 사랑에 허리 휘도록 사무치며
비가 오지 않아도 흙탕물 질퍽이는 현장만이
우리의 전부입니다.
뼈마디마다 노을 골병으로 물들어도
손바닥 어깨에 박히는 굳은 군살로
우리는 살아 있습니다.

몸 전체로 삽이 되어, 질통이 되어.

잡부일기 2

철근을 엮는다. 꿈의
뼈를 뽑아
콘크리트를 부빈다. 비게살 한 점 없는
토종의 근육으로
서로의 체온 따뜻이 고여 있을 거푸집을 짓는다.

댐이여, 일어서다오
도도히 흐르는 저 검은 강물을 막아다오

제 몸 태워 어둠 밝히는 저 분신처럼

강에 몸 던져
강물을 끌어안고
풍토병처럼 범람하는 병든 세월의
홍수를 막아다오
水路, 저 땅의 淚線 속으로
맑은 물 흘려주고
흙탕물 넘쳐 흐를수록 혈관 속 더욱 뜨겁게
충전되는 피,
사지가 마비된 이 山河 모세혈관까지 스며

인적 끊긴 저 마을들을
밝혀다오

철근을 엮는다. 꿈의
뼈를 뽑아
콘크리트를 부빈다. 비게살 한 점 없는
토종의 근육으로
서로의 체온 따뜻이 고여 있을 거푸집을 짓는다.

오늘도.

잡부일기 3

안개가 서성이고 있다 새벽의 남대문 시장
떡전골목 가슴 속에 졸린 눈 부비는 상점의 불빛 몇 낱
감추고 떠도는 넋들 끊임없이 서성이고 있다
젖은 생선궤짝을 태우는 모닥불
그 비린내 진한 따스함에 몸 젖은 채
또 고단한 하루의 삶을 팔기 위해 모여드는 사람들
바람같이 스쳐갈 그 손짓을 기다리고 있다
사람을 필요로 하지 않는 곳
사람 되어 다가가지 못할 때 안개는
제 가슴 속에 깊이깊이 얼굴을 묻고
언제나 휴지 한 장의 손바닥으로 따귀를 때리며
저물던 하루

불타는 노을길 따라 땅거미 발자국 찍으며 뒤돌아서도
이 새벽, 구원처럼 나부끼는 그 손짓을 기다리고 있다
죽어간 날보다
살아가야 할 날 더 첩첩한 아침이 오면
땀 젖은 몸뚱이 하나만 남기고 사라지던 안개여
목수는 만나면 톱날이 되고
미장이를 만나면 흙손이 되어

햇볕 속 기대의 집을 짓던 이 하루의 몸짓들

세상의
빈 가슴에 내 하오의 젖은 가슴 젖어들지 못할 때
밤의 벽에 별빛 헌 작업복 단정한 못자리로 박아두고
노숙의 시멘트 바닥에 몸 오그리던 날들
안개가 서성이고 있다 새벽의 남대문 시장
떡전골목 가슴 속에 졸린 눈 부비는 불빛 몇 낱
감추고 떠도는 넋들 끊임없이 서성이고 있다

잡부일기 4
— 겨울行

삽이
가랑잎으로 나부끼는 겨울이 오면
내 가슴은
언제나 빈 질통이었다
바람 속
풀씨 같은 아이들 덮어 줄 흙 한 줌 없어
떠도는 마음의 뿌리
어두운 골방에 누워
소주처럼 독한 별빛에 취해 잠들면
꿈속에서도 자꾸만 삽질을 하는 몽유의 雁行,
밤의 벽에 부딪쳐 한 잎 또 한 잎
떨어지는 세월 소스라쳐
아침의 창을 열면
가슴에 가슴을 비워주는 세상은 없어, 겨울
허공의 앙상한 갈비뼈만 온몸 가득 안겨 오고
하늘 소식 한 점 없이 내리는 눈송이는
저문 땅에 녹아 질척거렸다
거리에 뒹구는 신문의 구인난에도
질척이는 진눈깨비의 활자만 내리고
꺼진 아궁이의 연탄재는 하얗게 까무라쳐 갔다

봄이 오면
햇살 받아 갚으리라 다짐해도
방세 마련할 싹 하나 돋지 않는 날의
골방에는
꽁초만 필터 째 짓씹혀 짓씹혀 쌓이고
독한 시멘트 바람만 불어가는 가슴은 언제나
철근 앙상한 빈 공사장에 나뒹구는 빈 질통이었다
삽이
가랑잎으로 나부끼는 겨울이 오면

잡부일기 5
― 유리 닦기

유리를 닦는다
곤돌라, 맥박도 없는 도르레를 믿고
매달린다
지금 이십 층 높이에서 땅을 내려다보면
현기증이 나지만
하늘을 바라보면 아무렇지도 않다 이상하다
천국은 보이지 않는데……
줄은
내 삶의 악착스러움만큼 굵고 튼튼하다
무조건 믿어라
맹목의 밧줄에 목을 매달고
유리를 닦는다
벽의 느낌이 없는 유리벽
투명할수록 더 잔인한 차가움
더욱 맑게 닦을수록 그 흔적이 허물어지는 듯
유리를 닦는다
바람 불어 온몸 사시나무처럼 떨려도, 컵 속
하얀 양파의 뿌리 하나 흔들리지 않는 저쪽의 세상
파랗게 눈뜬 잎이 안녕하세요 하고 웃고 있다
나도 안녕하세요 인사한다 덜덜 떨림으로

유리를 닦는다
그러나 아무리 맑게 닦아도 더욱 도드라지는 벽
걸레를 쥔 주먹으로 힘껏 내리치고 싶지만
언제나 햇살 끊어져 천길 벼랑으로 추락하는 것은
나의 생,
내 의식의 두개골을 향해 빠르게 달려드는 시멘트바닥
그 잿빛 얼굴을
결코 잊지 않으려는 듯 내 부릅뜬 두 눈이 바라보는
허연 뇌수 튀며 피는 고요로운 여름 칸나의 정원
유리를 닦는다

잡부일기 6
— 페인트칠을 하며

　봄의 초록
아무리 곱게 칠해도 마음이 녹슬어서야 어디 이쁜 얼굴이겠냐고
　세상 험해
저렇게 울퉁불퉁한 가슴 벽이 되어서야 어찌 맑은 빛깔이 나겠냐고
　햇살 한 줄기 밧줄을 타고, 눈이 있어도 보지 못하는 곳까지
　입이 있어도 말하지 못하는 곳까지 아득히 금이 간 틈새에는
　상처에 돋는 새살이듯 황토빛 도루코를 채우고
　쇠솔로 먼지 거미줄을 아무리 벗겨내어도 속이 이렇게 허기져서야
　저 높은 빌딩의 군락이 어찌 기쁨으로 어우러지겠냐고
　첩첩한 맨션아파트가 어찌 한 세상의 살림이겠냐고
　롤러 솔의 둥근 생각이 굴러가는 자리,
　차라리 저 색깔들 내 몸에 바르고 카멜레온이 되고 싶었지
　온갖 빛의 보호색으로 제 한 몸 지키는 그런 이고 싶었지
　그러나 흘러내리는 땀방울 앞에서는 속수무책이던 것을
　이 세상 모든 빛깔 오직 살색 하나로 씻어버리는
　땀방울의 솔질 앞에서는
　그 무엇에 물 젖어도 따뜻이 체온 전해주는 알몸뿐이게 하던

것을
  제 부끄러움의 뼈까지 환히 내비치는
  봄의 햇살 속에서

잡부일기 7
— 파도야, 파도야

반골의 소금기 진한 해풍 속
긴 항해에 지친 배는 언제나 녹슬어 있었다
태풍과 암초의 협박이 곳곳에 도사린 바다,
등대마저 비밀경찰처럼 숨어 눈을 번뜩이는 곳을 돌아
우리가 살아야 할 정박지에 닻을 내리면
목마른 수부들 술집으로 환락을 찾아 떠나고
잠이 드는 배,
우리는 손에 망치를 들고 파도처럼 밀려갔다
잠들지 마라,
끊임없이 두드리고 출렁이게 하며
뱃전을 퉁겨 오르는 포말처럼 깡깡이질 하며
녹슨 삶 찌든 가난의 때를 벗겨내기 위해
몸부림쳤다
어기여차 어여차 목도를 하는 하역 인부들
굽은 등에 비늘 번뜩이는 땀방울과 함께
우리는 밧줄을 타고 배 속까지 스며들어
텅 빈 공복의 화물칸에 싸인 거미줄을 걷어냈다
우리의 아이들이 만든 것, 손끝에 피 맺히며
몸 버리는 잔업 속 온갖 재해로 쿨럭이며
만든 아픔들을 저 벽처럼 깊은 수평선 너머

꿈의 나라로 실어 갈 때까지
잠들지 마라,
긴 부랑의 다도해를 돌아온 세월 속에
바다의 푸른 물배일 때까지
불면의 파도는
밤새 망치로 두드리며 쇠솔질을 하며
이 山河의
어둠을 벗겨내기 위해 끝없이 밀려가고 있었다

잡부일기 8
— 酒店에서

자, 폐허 한 잔 들게.

안개비 흐린 눈동자에 카바이트 불빛 핏발로 번져 흐르는
마대와 비닐로 얼룩 기운 주점, 포장 친 노을 들치며
어둠 들어서는 저녁, 쪽의자에 패랭이꽃 턱 괴고 앉은
둑길 따라, 강이 흐르고
긴 노동의 피로에 찌든 검은 강물이 흐르고
맨땅에 굽은 등뼈 내리박는 기중기의 쇠뭉치 소리 들린다.

폐부 밑바닥에 깔린 허망마저 긁어가는 포크레인의 거대한 삽날,
이 속절없는 취기에 몸을 맡기면
파헤쳐져 햇살 아래 메말라가는 실뿌리들
비로소 앙상한 팔 걷어부친다.
철근의 숲, 무성한 콘크리트의 골조 속에서
그 신명나던 시멘트의 비빔판도 레미콘의 혀가 핥아가 버린
우리의 한마당,
질통에 무거운 모래자갈로 담겨도, 이 하루
자진모리의 내리삽질에 꿈 섞어 비벼지던 세월들
저 중장비의 재채기 소리에도 산산이 흩날려버린

우리 잡부의 날들

유리처럼
무력감의 뼛속까지 환히 내비치는 임금을 들고
바라보면 언제나 안개비 자욱한 함바의 하늘 아래 저 떠도는 뿌리들
암반을 뚫고 내리는 철제 빔으로 박아주는 기중기의 쇠뭉치 소리
들린다.
포크레인의 거대한 삽날에 파헤쳐지는 우리 부끄러움의 실뿌리들
얽혀 팔 걷어붙이고 악착같이 풀꽃 한 송이 지펴 오리는

자, 폐허 한 잔 들게.

잡부일기 9
― 엽서, 1988, 함바에서

제 죽음을
남에게 보이지 않으려고, 아무도 모르는
동굴 속을 숨어드는 늙은 코끼리의 발걸음을 닮았다고
내 삽질

마지막 나래짓을 위한 힘만 남긴 채, 鳥糞石의 섬을 짓다가
죽기 위해
페루의 해안으로 날아가는 새들의 나래짓을 닮았다고
내 땀 흘리는 모습

그대는
가슴을 허무는 곡괭이질의 글귀를 보내왔지만

모든 이의 기억 속에서 사라져가는 상아를 따라
그 무덤을 찾아 헤매는 사냥꾼의 눈빛이고 싶었다
내 질통
새의
필생의 분비물로 이룩된 섬, 그러나 풀 한포기 없어
굳어 차디찬 이 땅을 떠나, 적막으로 이루어진 그 모래밭에
뼈를 묻고 싶지 않았다

내 귀가의 발걸음

그대 분명한 콘크리트의 구조물로 기억해다오

뉘 모르게 소리 없이 사라져간 이 땅의 침묵들
그러나 눈 뜨면 눈길 머무는 곳
들꽃, 흔적 없이 피어나 있는 저 白民의 얼굴
가슴 속에 씨 묻고 지쳐 잠이 든 이 함바의 밤에

3부

청계천 詩篇 1
— 지게꾼 김 씨에 대한 기억

자꾸만 삐걱 이는 소리가 났다. 지난겨울
부러진 목발에 새끼와 비닐 끈으로 칭칭 묶은 지게를
굽은 등에 얹고 청계천을 걸어오는
지게꾼 김 씨의 발걸음에는.

실 한 올의 무게에도 쉬 무너질 것 같은
다 늙도록 지게질로 야윈 몰골을 보노라면
어쩌면 그 소리는 울음일 거라고
폐부를 녹여내는 속울음일 거라고 생각했다.

한 짐이라도 지기 위해 진종일
거리를 헤매는 앙상한 지게 모습의
그 꿈을 보면서
누구 하나 짐을 지우려 않는데도 해가 지면
흔적 없이 어둠에 지워졌다가
어둠이 지워지면 어김없이 나타나는 그 뼈
무너지는 소리를 들으면서 나는
어깨가 짓씹히도록 지게 멜빵을 여미곤 했다.
아니라고, 울음이 아니라고
발마 소리라고, 텅 빈 생의 들녘을 불어가는

바람 소리라고.

어떤 무거운 짐도 질 수 있다고 넉넉히 품을 열고 있는
아직도 튼튼한 내 지게,
철사의 뿌리에 플라스틱 현란한 꽃잎을 적신
세운상가 육교 밑에서
장딴지에 퍼렇게 힘줄이 돋도록 서 있는 날
문득 그 소리가 덫처럼 목을 휘감아올 때마다
결코 바람 소리가 아니라고

나는 가만히 풀잎을 바라보곤 했다.
아스팔트 길가의 그 작은 틈새에서
초록의 열락에 잠겨 있는 풀잎,
몸을 언월형으로 휘이게 하는 돌의 짐을 지고
바람이 불면
겸허히 몸을 기울이는
바람이 불지 않아도 몸을 기울이는

나는 그만 눈을 감아 버리고 말았다.
과연 벗을 수 없는 멍에일까, 지게는

살아있는 한 멈출 수 없는 祈求일까. 지게질은
온몸을 뒤틀리게 하는 그 삐걱이는 소리와 함께
무너질 듯 무너지지 않는 풀잎 위로 또 뼈의
겨울은 걸어오고, 알몸으로
그 뼈를 지게로 껴안고서야 비로소 보았다.
삶의 등뼈에 꿈으로 접골된 지게를
짐을 짐이라고 느끼는 순간, 덫이 되어
목줄기를 죄어오는 지게를
그러나 누구나의 가슴에 풀잎으로 살아있는 지게를

청계천 詩篇 2
― 관절염

모닥불이 꺼져갈 즈음, 그는
갑자기 지게를 부수기 시작했다.
돌을 주워 들고, 절망이듯
지게를 내리칠 때마다 뼈 부서지는 소리는
잿빛 암울한 허공에 손톱자국을 긋고 있었고
겨울 짧은 해
엷은 햇살이 비껴 흐르는 청계천
불씨만 남은 모닥불 곁에 웅숭거린 막벌이꾼들은
알을 낳듯 찌푸린 얼굴로 말이 없었다.
서울 지게꾼 반평생에 남은 것은 골병밖에 없다고
자신도 모르는 그 발작에도
제 몸이 부서지는 아픔을 느꼈을까. 끝내 부수지 못한
지게 작대기 지팡이 삼아 관절염 앓는 다리 절룩이며
그는 저녁 해거름 속으로 사라져가고
우리는 흩어진 그 몸부림의 잔해를 주워 모아
사그라지는 모닥불을 다시 지핀다.
한 짐이라도 더 지기 위해 추운 거리
왼종일을 맴돌아도 주머니엔 동전 몇 닢
실눈으로 웃고 있고, 바람은
알몸으로 가로수를 안고 덜덜 떨고 있는데 나는

타오르는 열망에 온몸을 적시며 기다린다.
몸을 으스러뜨릴 절망이라도 좋을 짐 하나를
그러나 빈 지게만 허공 가득 껴안아 올 뿐,
뼈마디마다 피고름으로 모닥불 빛만 고여
땅거미는 어느새 첩첩이 어둠의 집을 짓고
상점의 셔터 문들 하나 둘 눈 감을 때마다
짓눌러 오는 무기력 속에 달팽이처럼 몸을 허문다.
도대체 이 밤의 껍질은 얼마나 두터운 것일까.
차라리 바위에게 덤벼들어 산산이 부서지는
피울음으로 나래질 치고도 싶지만 그러나
내일이면 母川으로 되돌아올 어쩔 수 없는
그의 回歸를 위하여, 순간이나마
허망을 뜨겁게 불태워준 그 뼈의 반란에
몸을 맡긴다.
어떤 무거운 짐도 버티게 해줄 지게 멜빵만은
불길 속에서 건져내면서……

청계천 詩篇 3
— 춘심이

짐보다 빈 지게 위의 허공이 더 무거운 날
고난처럼 후미진 청계천 뒷길 따라
막다른 골목에 이르면 거기 춘심이네 집
마치 둥지처럼 아늑한 불빛이 고여 있었지
막아선 담벼락엔 지게 서로 몸 포개 기대어 있었고
그 지게를 닮은 사람들, 노가리를 대가리 째 씹으며
술청인 좁은 부엌에 서서 막걸리를 마실 때
춘심이는 부뚜막에 앉아 바느질을 하곤 했었지
잔술을 팔며, 찢겨지고 해진 막벌이꾼들의
작업복을 기워주고 있는 흰 솜털
보송송한 모습을 볼 때마다 나는 연탄불
위의 노가리처럼 검게 타며 오그라들었고
뼈 하나 남김없이 나를 씹어 먹고 싶어져 망연히
창밖을 바라보면 시커먼 매연의 하늘
가슴 가득 차오르는 어스름 속, 잔광이듯
그 티 없이 맑은 미소의 바늘이 한 올 한 올
허망과 알 수 없는 분노로 터진 자리를
밟아올 때마다 아무리 땀 흘려도 내 몸뚱이
하나도 채 적시지 못하는 나의 땀방울들이
어느새 무거운 짐이 되어 짓눌러와 나를 더욱

남루의 노가리로 여위게 하곤 했지
바깥은 찬바람이 제 가고 싶은 데로 불고 있었고
담 밑의 지게들은 서로 온몸 오그려
추위를 견디고 있었지만 노상 비틀거리는 것은
가난의 앙상한 形骸, 그림자뿐인
귀로, 아무리 갈아도 자꾸만 돋아나는
쥐의 이빨처럼 취기가
하루의 발뒤꿈치를 야금야금 갉고 있을 때
그 가녀린 풀씨 같은 손길이 여며 준 작업복은
자꾸만 무너져 내리는 마음을 풀잎으로 떠올려주곤 했지
그래, 거리 곳곳에 피어오르는 모닥불로
관절염을 앓고 있던 청계천의 그 해 겨울

일일취업소에서

……그리고 아무 말도 하지 않았다
날이 밝아올수록 어두워져 가는 얼굴로
새벽은
흐린 겨울 유리창에 온몸 부비며 스며들고
땟자국 절여진 좁은 실내에 가득 찬
미명 속, 낮은 천정에 매달린 누런 눈꼽 낀 형광등이
바라보는 취업난에 적힌 우리들의 희망업종은
졸고 있는 직원의 졸보기안경에 담겨 마침표 하나로
자물어지고 있었다.
맨손으로 집을 지을 수 있다고
속살로 밤송이도 깔 수 있다고
역 대합실에서, 노숙의 지하도에서
몸 웅크리고 밤을 지나 이 꿈의 새벽을 건너온
또 하루의 기대는
점점 길어지는 그림자, 낙타 모습으로 벽에 부딪쳐
자꾸만 무릎을 꺾고 있는데
들려오는 것은 바람 소리뿐
이제 피를 팔 곳도 없다고
빈손을 내밀기엔 남은 피 너무 뜨겁다는
그 속삭임의 모랫바람 소리뿐

운 좋게 먼저 접수되어 이삿짐센터로 질통꾼으로 팔려간 이는 몇이던가
　벌써 먼동이 트는지, 미명을 실어 나르는 새벽
　청소차의 차임벨은 새마을노래를 우울히 노래하며
　떠나가고 있었다. 오직 살아있기 위하여
　그저 닥치는 대로 일하는 것뿐인 우리들의 꿈
　기다리는 사람은 끝내 나타나지 않고 아침
　아홉 시의 초침은 어느새
　철제 셔터 문의 금속성 소리로 떨어지고
　빈혈처럼 쏟아지는 햇볕 거리로 나선 저 마른 수수깡의 몸짓들,
　해는 점점 더 높이 떠오르고

　……그리고 아무 말도 하지 않았다.

백치의 달

그녀는 밤마다 달을 먹는다. 꿈결이듯
몸도 마음도 송두리째 까먹게 되는 신경안정제
그 취기에 치자 빛으로 물들어 있다 보면
부끄러움도 치부를 들쑤시는 뼈아픔도
어느새 호박꽃으로 피어나
이 땅 어디에 심어놔도 볼품은 없지만 질박한
호박 한 덩이 머금고 잘도 노오랑 꽃잎 벙그는
무너져가는 판잣집 머리 맞댄 창신동 골목
어둠 속을 기를 쓰며 뻗어나는 넝쿨의 동네에서
그런 살 한 떨기로 피어나 있다 보면
세상의 살아있는 것이 모두 반딧불로 보인다는
달을 먹는다.
한 알 두 알 붉은 둥 붉지 못한 웃음
호박꽃 초롱을 켜고 싶어
고생 보퉁이에 눈물 몇 방울 싸들고 무작정
가난의 집을 떠날 때
풀잎 하나, 길을 떠올려주던 서울의
달을 먹는다. 밤마다
다섯 알 열 알 꿈결이듯, 그래
호박꽃 초롱은

약국이었지
반딧불 찾아 밤 수풀 젖도록 뛰어다니다가
허기의 돌부리에 채인 철없는 상처에
빨간 물감 약을 발라주던 따가운
고향,
호박꽃 초롱을 켜면
아픈 밤을 아프지 않게 치자 빛으로 밝히고
그러나 새벽이면 어이없게 꺼져 버리는 반딧불
호박을 품은 헛배만 점점 불러와도
시드는 살초롱 다시 불 밝히기 위해
그녀는 달을 먹는다. 밤마다
몸도 마음도 시멘트로 발라버리는
서울의 달을.

미운 오리새끼

그는 죽었다. 세운상가 육교 밑, 시멘트 바닥에 쪼그려 엎드려서
개처럼.

곁엔 지게 하나가
다 부서져가는 얼굴로 내려다보고 있었다.

아무도 그가 누구인지 몰랐다. 빈 술병과 라면과자 껍질만
그의 부랑의 넋이듯 굴러다니고 있을 뿐

— 지게꾼 아냐.
— 알콜중독였던 게로군, 밤새 술과 자다가 행복하게 복상사 했구먼.

구경꾼들의 수군거림이 걸려 있는 육교 난간의 판넬화 속에서
제복의 비둘기가 걸어 나왔다.

그리고 이 화창한 봄날의 얼굴에 웬 작자가 침을 뱉아, 하는 표정으로
사진기의 셔터가 눈을 흘겼다. 네가필름의 침묵이 여러 각도

에
　죽음을 봉인해 버렸다.

　아침 해가 구름 뒤로 살짝 숨는 것이 보였다. 그리고 주검 위에 가마니가 덮히자
　얼른 나와 햇살의 조화 몇 송이를 떨어뜨리고는 잠시 묵념하는 척했다.

　곧이어 앰뷸런스가 아이고 아이고 뜻의 경적을 울리며 왔다가
　행려병자 사망 확인서를 꼬리표로 단 소포가 되어 어디론가 배달되어 가버리고

　지게만 홀로
　관절 마디를 꺾는 적막을 이 악물고 견디고 있었다.

續 · 미운 오리새끼

제 살을 먹이로 주는 거미였으면, 아비가
제 머리를 돌로 찧는다.
심장을 파먹게 하는 펠리칸이었으면, 어미가
깨어진 유리로 제 팔뚝을 북북 긋는다.
가슴에 꽂혀 피울음 울어주는 가시나무새였으면, 세상이
가녀린 허벅지에 숯불을 올려놓고 살고 싶어
아프다는 신음 하나 없이
더 선혈이 낭자해지기를 빌며
나래가 있어도 날지 못하는 몸을 파닥인다
햇살이 백조의 춤을 추는 이 창창한 날에
약물로 어린 넋을 지우고
깊어가는 무관심만큼 깊이
제 몸을 상처내고 있다
차라리 몸 전체가 상처이길 빌고 있다

저 앵벌이 아이.

그들의 봄

지게에
혹성 하나의 낙원을
지고 왔다
웬 우주인이
풀잎처럼
앉은뱅이 마을의
앉은뱅이 꿈속으로
초록빛 섬광의 비수가 되어
스쳐갔다

등뼈를 뽑아들고……

스냅사진

외국 관광객은 그저 이 나라의 풍물을 찍었을 뿐인데……

지나가는 사람들은 한국은행의 이끼 낀 돌 벽처럼 이맛살을 찌푸렸나
신세계 앞 분수대는 시원스레 눈을 흘겼고
햇살 속 깃발 높이 하늘 우러르며 청동의 동상은 당당했다
그 곁, 무겁게 짐을 지고 로터리를 횡단해 가는 지게꾼은 비 오듯 땀을 흘리고 있었다

여름 한 낮.

무언극

늙은 아비는 어린 딸을 안고 울고 있다
햇볕 고운 명동의 길모퉁이에서
늙은 아비 홀로 두고 너는 어딜 가려 하니
지푸라기처럼 자꾸만 몸을 늘어뜨리는
병든 딸을 야윈 두 팔로 추스르며 또 추스르며
더러운 아비는 소리 없이 울고 있다
가자 애야 넓고 넓은 바닷가의 오막살이집으로
바라보는 사람들의 얼굴에는 어느새 푸른 물결 일렁이고
잔잔히 젖는 눈동자마다 한낮의 햇살
활짝 지느러미를 펴고, 아스팔트 위로
어느새 헤엄쳐 오는 지폐 몇 장 그리고
썰물의 발자국들
빈 조개껍질처럼 남은 두 사람
아비의 등에 업히면서 어린 딸
갑자기 뒤돌아보며 붉은 혀를 쏘옥 내민다

눈부셔라, 피 머금은 저 동백꽃

陽洞詩篇 1
― 소나기

푸른 하늘이 갑자기 여우 웃음을 울기 시작했다
요강 탱크가 그렁거리고 베개 폭탄이 터지고
냄비가 낮게 비행하며 기총소사를 퍼붓는 중세의
무덤 속 같은 복도에는 이 호실 찐다가 소아마비의
다리를 절룩이며 비닐우산을 팔러 뛰어 나가고
당시인은쓰리꾸운나느은또옹갈보기부니나빠서한자안했다
와유감있나이시발녀니또지랄하네
　육호실은 이윽고 육박전이 벌어지고 옆방
검은 안경 부부의 연습용 이미지는 눈치도 빠르게
찬송가 소리로 싹 변하고 남산에 무덤이나 파러 가야겠다고
해장술부터 취해 비틀거리던 구 호실 딱장개비는 어느새
코를 골고 십 호실에 모인 냄비들은 비 땜에 냄비 녹 다 슬겠다고
　화투장만 두들겨 패고 이 억수 같은 빗속에서도 집주인
뚜쟁이 뭉치는 악착같이 골목을 서성이고 있었다
사지에 못이라도 박고 싶은 것일까 빗줄기는
욱신거리는 망치질 소리로 머릿속을 파고들고
구겨진 콘돔 벌건 생리대 희멀건 액체가 묻은
화장지 뭉치들이 뒤엉켜 썩고 있는 붉은 벽돌 건물과
건물 사이의 좁은 공간에서 집을 짓던 거미가 빗발에

뜯어진 거미줄에 외가닥으로 매달려 혼신으로
버둥거리고 육 호실 사내의 소매치기 날림이 제 마누라
육판의 밑천인 얼굴을 찍 긋고 있을 때 아이고 사람주기네 하는
짧은 비명은 번개의 섬광을 타고 양동의 암울한 허공에
가시관처럼 번쩍였다. 슬리퍼를 찍찍 끌며 나는
심한 요의에 쫓겨 변소로 뛰어들고 있었고
변기 위에 쭈그리고 앉자 구정물 붓는 소리가 하수관을 타고
머리 위에서 쏟아져 내려 찔끔거리는 오줌발처럼
머뭇거리며 변소를 나오자 어느새 복도는 중세의
무덤 속 같은 곰팡내 포근한 고요에 싸여 있었고
언제 그랬냐 싶게 314번지 8통 2반 사람들은
거미禪에 잠겨 있었고 또 언제 그랬냐 싶게 거미줄 얽힌
창 너머 푸른 여름 하늘이 숫처녀 흉내 내는 녹슨
냄비처럼 천연덕스럽게 얼굴을 내밀고 있었고
여우울음을 웃는 요의에 쫓겨 나는 또 변소로 뛰어들고 있었다

陽洞詩篇 2
― 뼉다귀집

뼉다귀집을 아시는지요
지금은 헐리고 없어진 양동 골목에 있었지요
구정물이 뚝뚝 듣는 주인 할머니는
새벽이면 남대문 시장 바닥에서 주워온
돼지 뼈를 고아서 술국밥으로 파는 술집이었지요
뉘 입에선지 모르지만 그냥 뼉다귀집으로 불리우는
그런 술집이지만요
어쩌다 살점이라도 뜯고 싶은 사람이 들렸다가는
찌그러진 그릇과 곰팡내 나는 술청 안을
파리와 바퀴벌레들이 거미줄의 弦을 고르며 유유롭고
훔친 자리를 도리어 더럽힐 것 같은
걸레 한 움큼 할머니의 꼴을 보고는 질겁하고
뒤돌아서는 그런 술집이지만요
첫새벽 할머니는 뼉다귀를 뿌연 뼛물이 우러나오도록
고아서 종일토록 뿌연 뼛물이 희게 맑아질 때까지
맑아진 뼛물이 다시 투명해질 때까지
밤새도록 폭 고아서 아침이 오면
어쩌다 붙은 살점까지도 국물이 되어버린
그 뼉다귀를 핥기 위해
뼈만 앙상한 사람들이 하나 둘 찾아들지요

날품팔이지게꾼부랑자쪼록꾼뚜쟁이시라이꾼날라리똥치꼬
지꾼
　　오로지 몸을 버려야 오늘을 살아남을 그런 사람들에게
　　몸 보하는 디는 요 궁물이 제일이랑께 하며
　　언제나 반겨 맞아주는 할머니를 보면요
　　양동이 이 땅의 조그만 종기일 때부터
　　곪아 난치의 환부가 되어버린 오늘까지
　　하루도 거르지 않고 뼉다귀를 고으며 늙어온 할머니의
　　뼛국 물을 할짝이며
　　우리는 얼마나 그 국물이 되고 싶었던지
　　뼉다귀 하나로 펄펄 끓는 국솥 속에 얼마나
　　분신하고 싶었던지,
　　지금은 힐튼호텔의 휘황한 불빛이 머큐롬처럼 쏟아져 내리
고, 포클레인이 환부를 긁어내고
　　거기 균처럼 꿈틀거리던 사람들 뿔뿔이 흩어졌지만
　　그러나 사라지지 않는 어둠 속, 이 땅
　　어디엔가 반드시 살아있을 양동의
　　그 뼉다귀집을 아시는지요

무지개

살과 살이 맞부딪칠 때 쏟아지던 소나기 그친 뒤
거기 피어오르던 무지개를 보았나요

양동 뒷골목, 그 음습한 그늘에 웅크린 아이에게
콘돔 심부름을 시키는 어머니의 손짓 따라

약국을 향해 무지개의 다리를 건너가던
깡총 걸음을 보았나요

그 무지개 스러진 뒤, 사라져 버린 아이를 찾아
미친 듯 거리를 헤매는 늙은 창녀의 몸부림을 보았나요

신도안 가는 길

뿌연 흙먼지 보따리 덜렁이며 신작로를 걸어가는
바람의 겨우내 낡고 해진 작업복을
햇살 바늘로 기워주고 있는 가로수의 파릇한
새순의 손이 눈물겨웁다. 두계리를 지나면
웅크렸던 온몸 풀고 있는 들녘의 풀잎과 함께
또 찾아오는 이 봄의 공사장,
이 나라 최고의 관공서가 들어선다는 신도안이여
십년 役事, 옛 정감록의 부푼 풍문의 안개에 싸인
계룡산, 그 영겁의 산자락에 모여 살던 사람들
뿔뿔이 흩어진 이곳 미신골 무당촌 서낭당
최신공법의 건축물에 밀려난 이곳 목 좋은 논밭
팔아 신명난 어느 주민 대처로 떠났다가 사글세방에
주저앉았다는 소문 무성한 이곳 양정 삼거리엔
어느새 다방 술집이 흥청이고
온갖 자재를 실은 화물차의 경적소리에 덩달아
외곽 주민들 제 논밭에 푸성귀처럼 자라날
아파트촌을 꿈꾸며 어깨 움찔대는 이 곳, 긴 겨울
벼르고 벼른 기대의 삽을 꽂기 위해 찾아간다. 신도안이여
아무리 땀 흘려도 그 땀방울 하나 정도령일 수 없는
우리 잡부의 땅, 꽃 한 송이 피울 수 없는 줄 알면서도

찾아간다. 안개를 열고 일어서는 저 현대식 건축물들이
새순처럼 우리 가난을 기워주지 못한다는 것을 너무 잘 알기 때문에
더욱 기틀 쓰며 찾아간다. 이 假宿의 땅
뿌리도 없이 지은 집, 함바의
때절은 이불 밑에 쓰러져
쓰러져 또 이 하루 시나브로 지고, 긴 노역으로
바꾼 세월, 속가슴에 갈잎으로 쌓여와도 찾아간다.
새순처럼 오직 땅에 삽을 꽂을 일 하나 때문에
이 살아있음의 몸부림 하나 때문에
뿌연 흙먼지 보따리 덜렁이며 두계리 신작로를 걸어가는
바람의 겨우내 낡고 해진 작업복을 햇살
바늘로 기워주고 있는 가로수의 파릇한
새순의 손이 눈물겨웁다. 신도안이여

기억 속의 바다

내 도피의 바다는 부드럽다.
갈짓자로 통발줄을 풀면, 부표는
내 생애에 찍힌 마침표처럼 흘러가고
마지막 통발에 달린 닻에 저녁이 가라앉는다.
白島의 앞, 그들의 삶의 해상
도시의 막다른 길에 이르렀을 때, 내 앞에 떠오른 바다,
5마력짜리 통통배는 마치 예수의 맨발처럼 보였지.
바람은
저녁 식탁의 양재기에 따뤄지는 막쇠주빛
라디오에서 흘러나오는 유행가 소리로 감미롭다.
지친 자의 굽은 등을 감싸주는 어둠,
속의 바다 물결은
가늠할 수 없는 미래를 가리키는 手話로 출렁이고
선실에 체념의 배를 깔고 엎드렸을 때
졸음으로 스미는 노랫가락 끝에 해독 불능의 삐삐 음이 섞이고
배는 이상한 설레임으로 뒤척였다.
선장의 다급한 목소리, 다시 어구를 끌어 올려야 했다.
부표까지 가 닿으려면 이미 태풍에 휩싸일 텐데……
줄을 놓치지 마라, 통발은 그들 삶의 전부였다.

마스트의 깃대에는 어느새 승냥이의 울음이 찢겨지고
뱃전을 물어뜯기 시작하는 파도, 허어연 바람의 이빨 속에서
까마득히 멀어져 간 부표를 건져 올렸을 때
거센 빗줄기는 질책처럼 난타해 왔다. 때늦은 피항
그러나 소류도로 안간힘을 다해 달리는 통통배
파도의 혀끝에 매달릴 때마다 시커먼 죽음의 목구멍이 보였다
멀리 섬 위의 등대마저 가로막는 물결의 산
혼신으로 헤치며 포구로 돌아들 때, 갑자기 멈춰진 배
해태 양식장의 그물이 스크류의 목을 조르고 있었다.
그 절망의 투망에 감긴 배는 한낱 썩은 나무둥치
스스로 헤엄칠 줄 모르는 자의 어둠만 깊고 견고할 뿐, 그때
누구인가, 몸에 밧줄을 묶고 바다로 뛰어드는 이는.
파도와 싸우며 질긴 그물을 몸부림의 칼로 끊어내는 이는.
그리고 힘줄 부르르 물방울 털며 뱃전으로 불쑥 솟아오르는
그 알몸은.
 이윽고 통통배 소리가 구원의 손길로 나부끼고
완강한 브이 자 닻을 놓고 포구에서 밤새 꺼지지 않는
발동 소리 가슴 두근거리며 나는 깊은 잠에 빠져 들고 있었다.

 내 악몽의 바다, 해가 떠오르고 있었다.

거친 밤의 파도를 뚫고 피어오르는 저 묵시의 꽃 한송이
아침 햇살 속, 그 알몸뚱이가 솟아오르고 있었다.

■ 작품 해설

어둠을 밝히는 사랑의 詩法

— 이숭원 (문학평론가, 서울여대 교수)

■ 작품 해설

어둠을 밝히는 사랑의 詩法

이숭원 (문학평론가, 서울여대 교수)

1

필자가 김신용의 작품을 대한 것은 무크지 『현대시사상』을 통해서였다. 그 잡지에 실린 7편의 작품들은 인식의 깊이에 있어서 그리고 감각의 새로움에 있어서 놀랄 만한 수준을 유지하고 있었다. 신인이라는 선입견 때문에 나는 그가 문학수업을 제대로 받고 상당한 습작의 과정을 거친 젊은이일 것이라고 막연히 생각했다. 따라서 그의 시에 담긴 노동자나 떠돌이의 삶의 모습들은 단편적으로 체험한 것이거나 시인으로서의 상상적 체험에 의한 것이라고 생각하고 말았다.

그러나 그의 시에서 얻은 감동은 사실 굉장한 것이어서 어느 시전문지에 그 중 한 편의 시에 대한 짧은 해설을 게재한 바 있었다. 그런데 그 후 신문지상을 통하여 그의 나이와 이력이 소개된 것을 보고 나는 스스로의 판단착오에 아연하고 말았다. 그러면서도 한편으로는 더 큰 감동과 찬탄을 감출 수 없었으니 그것은 오랜 세월 동안 밑바닥 생활을 전전하면서 그 뼈를 깎는 괴로움 속에서도 그토록 밝은 사랑의 정신과 눈부신 감성의 눈길을 그대로 지녀왔다는 사실이 눈물겹도록 놀라웠기 때문이다. 그리고 그 놀라움은 안온한 삶을 누리고 있는 먹물 든 나 자신에게 깊은 부끄러움으로 각인되었다. 그나마 한 가지 위안이 되는 것은 그의 시에 대한 나의 이해가 전혀 빗나가지는 않았다는 사실이다.

김신용 시의 기본정신을 한마디로 잘라 말하면 사랑이다. 이것은 그의 시를 읽으면 금방 확인되는 사실이지만 시집의 첫머리에 붙인 짤막한 〈시인의 말〉에도 단적으로 표명되어 있다. 황량한 삶 속에서 모든 버려진 것들을 사랑하는 것이 그의 생존방법이며 시의 명제이자 출발점이라고 그는 밝히고 있다. 지금까지 사랑을 주제로 한 많은 시들이 있었다. 특히 소외계층에 대한 사랑을 표 나게 내세운 시들도 많았다. 그러나 김신용의 시는 소외계층의 삶에 대한 진정한 이해와 동질적 공감에 바탕을 두고 있기에 여타의 구호적인 사랑의 시편과 질을 달리한다.

또한 그 사랑은 버려진 사람들의 내면 속에 끈끈하게 이어지며 발현되는 자생적인 것이기에 외부에서 유입된 이념적 사랑과도 구별된다. 이 내발적이고 자생적인 사랑의 정신이 그의 시에 높은 품격을 유지시키는 힘이라고 필자는 생각한다.

2

내면적인 정신은 언제나 외면형식을 통하여 발현되는 법이다. 그의 시는 대체로 길이가 긴 편인데 이렇게 시의 길이가 길다는 것은 이야기할 사연이 많다는 것을 의미하며 동시에 그의 시가 순간적 감흥에 의해 쓰여진 것이 아니라 생각의 내용에 바탕을 두고 제작된 것임을 암시한다. 그래서 그런지 그의 시는 일정한 이야기를 포함하고 있다. 이렇게 이야기를 포함한 장형의 시가 성공하기 위해서는 시작의 짜임새에 대한 안배가 있어야 하는데 그의 시에는 바로 이러한 면이 충분히 담겨 있다. 그의 언어구사는 능숙하며 시상의 처리방식은 상당히 세련되고 지적이다. 이러한 지적 처리방식에 의해 구성된 참신한 이미지들은 오롯한 상징의 원광을 두르기도 한다. 가령 다음의 대목들을 보자.

①
눈 멀어 귀 멀어 자꾸만 비틀거리는 어둠 속에서
손전등 불빛이 작살처럼 꽂혀 왔다.
황홀히 파닥이는 물고기, 눈 떴을 땐

유치장의 창살이 타는 듯 목말랐다. 비둘기 들은 지하실의
긴 의자에 머리만 뚝 떨어지게 사지를 묶어주었고
수건 씌운 얼굴 위로 물주전자를 들이밀며 환영해 주었다.

─「밤길」부분

②
더러운 아비는 소리 없이 울고 있다
가자 애야 넓고 넓은 바닷가의 오막살이집으로
바라보는 사람들의 얼굴에는 어느새 푸른 물결 일렁이고
잔잔히 젖는 눈동자마다 한낮의 햇살
활짝 지느러미를 펴고, 아스팔트 위로
어느새 헤엄쳐 오는 지폐 몇 장 그리고
썰물의 발자국들
빈 조개껍질처럼 남은 두 사람
아비의 등에 업히면서 어린 딸
갑자기 뒤돌아보며 붉은 혀를 쏘옥 내민다

눈부셔라, 피 머금은 저 동백꽃

─「무언극」부분

③
─ 지게꾼 아냐.
─ 알콜중독였던 게로군, 밤새 술과 자다가 행복하게 복상사했구먼.

구경꾼들의 수군거림이 걸려 있는 육교 난간의 판넬화 속에서 제복의 비둘기가 걸어 나왔다.

그리고 이 화창한 봄날의 얼굴에 웬 작자가 침을 뱉아, 하는 표정으로
사진기의 셔터가 눈을 흘겼다. 네가필름의 침묵이 여러 각도에서
죽음을 봉인해 버렸다.

―「미운 오리새끼」 부분

그의 시를 읽으면 그가 세상의 험한 일치고 거치지 않은 것이 없음을 알게 된다. 청계천변의 지게꾼을 위시하여 광산의 광부, 공사판의 노가다, 영화판의 엑스트라 등 끼니를 이을 수 있는 일이면 무엇이든 닥치는 대로 했다. 한 끼의 양식을 얻기 위해 피를 팔았으며, 빈혈이 되어 피조차 팔 수 없을 때는 정관수술을 받고 몇 푼의 수수료를 얻기도 했다. 더욱 궁지에 몰려 생의 의욕조차 잃어버렸을 때는 자진해서 감옥에 들어가는 길을 택하였다. "감옥은 또 하나의 자궁"으로 시작하는 ①의 시 「밤길」은 바로 그러한 체험을 다룬 시이다. 그는 마지막 남은 돈으로 칼과 마스크를 사고 술에 취하여 길을 걷는다. 밤길에 검거되어 무슨 죄든 뒤집어쓰고 감옥에 들어가기 위함이다. 한 줌 양식과 몸 누일 한 뼘 땅을 얻기 위하여. 바라던 대로 그는 경찰에 검거된다. 그 순간을 그는 "손전등 불빛이 작살처럼 꽂혀 왔다."라고 표현한다. 이 표현은 실로 이중적이다. 순경의 손전등이 정

확히 자신을 포착한데 대한 통쾌감의 드러냄이면서 자신은 결국 작살에 꽂힌 물고기에 지나지 않는다는 자굴감의 표현이기도 하다. 이러한 이중적 시각은 그 다음 행에도 지속되어 나타난다.

"황홀히"라는 말은 이 검거의 순간을 기다린 데서 온 기쁨의 표현일 것이다. 그러나 이런 극한의 방법으로 생을 이어보려는 자신의 몸부림은 작살에 꽂혀 파닥이는 물고기의 모습, 바로 그것이었다. 이 시의 이중적 구도는 여기서 멈추지 않는다. 물을 떠난 물고기가 목말라하는 것은 당연한 것. 따라서 그 다음 행의 "타는 듯 목말랐다."라는 표현이 나오는 것은 자연스럽다. 그런데 이 표현은 감옥에 들어가기를 바랐던 화자의 기대감과 절박감을 동시에 드러내는 것이다. 그뿐 아니라, 이 '목마름'은 다시 그 뒤에 나오는 '물주전자의 환영'이라는 표현이 자연스럽게 연결될 수 있도록 건널목 구실을 한다. 요컨대 이 대목은 '작살 — 물고기 — 목마름 — 물고문'으로 이어지는 이미지의 연쇄를 이루고 있는 것이다. 이러한 사실을 볼 때 그가 얼마나 세심한 배려에 의해 한 편의 시를 구성하는지 충분히 짐작할 수 있다.

이러한 이미지 연쇄 현상은 ②의 시에서도 발견된다. 이 시는 거리에서 슬픈 장면을 연출하여 행인들의 동정심을 사서 동냥을 구하는 걸인 부녀의 일화를 담은 것이다. 일단 바닷가라는 장소가 제시되자 이미지는 바다와 관련된 양상으로 전개된다. 그래서 '바닷가 — 푸른 물결 — 젖는 — 지느러미 — 헤엄쳐 —

썰물 — 조개껍질 — 동백꽃'으로 이어지는 이미지의 연쇄가 성립된다. 이미지의 중심축이 정해져 있기에 시 전체의 구도가 흔들림이 없다. 그리고 시의 마지막 부분에 "피 머금은 동백꽃"이라는 결정적 심상을 배치함으로써 이 두 부녀가 보여준 속임수의 내면에 밑바닥을 헤쳐 가는 사람들의 끈질긴 생명력이 잠재되어 있음을 선명히 드러낸다.

③의 시는 한 지게꾼의 죽음을 다룬 것이다. 육교 밑의 지게 옆에 개처럼 쪼그린 채 죽어버린 지게꾼의 주검을 보는 타인의 시선은 무관심하거나 차갑다. 시인은 자신의 황량한 심사를 깊이 감추고 타인의 무관심하고 냉정한 표정을 가장하고서 위와 같은 묘사를 펼쳐 보인다. 사람들이 이 죽음을 자신과는 전혀 무관한 일인 듯 생각하는 심리적 거리감이 여기서는 '판넬화'라는 정지의 영상으로 제시된다. 그 판넬화에는 사람들의 수군거림이 '걸려 있다.' 이것은 단지 청각을 시각으로 전환시키는 표현의 재간을 보여주는데 멈추지 않는다. 그것을 넘어서서 이 부분은 버려진 한 인간의 죽음 앞에서 무표정 무반응 무감동으로 일관하는 인간군상의 철저한 개인주의를 판화처럼 각인시킨다. 인간의 본질로부터 이탈되어 버린, 그리고 이탈된 존재로서의 자기인식도 결여되어 버린 철저한 인간소외가 우리의 삶을 지배하고 있다는 사실을 이 시는 '판넬화', '사진기의 셔터', '네가필름의 침묵' 등의 이미지를 통하여 가시화시켜 놓았다. 이 처리방식은 상당히 고급스럽고 세련되어 보이는데 바로 이러한 대목들이 그의 시를 젊은 지식층의 작품으로 착각하게 만든다. 이 지적인 처리방식이 모순폭로의 시에 돌출되기 쉬

운 분노나 적의의 가락을 잠재우며 역으로 소외계층에 대한 동질적 이해의 터전을 마련한다. 그런데 이것이 단지 어떤 기법의 선택에 의해 이룩되는 것은 아니다. 여기에는 시인의 사랑의 정신이 작용한다. 앞에서 잠깐 말했듯 그의 시에는 놀라운 사랑의 힘이 숨어 있다.

3

그의 시는 대부분 고통에 대해 이야기한다. 궁핍과 기아의 고통, 열악한 조건에서의 노동의 고통, 삼청교육대에서의 훈련의 고통 등 그가 체험한 극악한 고통의 세계를 보여준다. 그런데 그 이야기하는 방식은 지극히 담담하고 침착하다. 물론 「어느 행려병자의 노래」라든가 「신도안 가는 길」 등의 시는 고통어린 자조의 호흡을 머금고 있다. 그러나 대체로 그의 시는 고통을 말하면서도 침착하며 쉽사리 흥분하지 않는다. 세속의 고통을 포용하고 용해할 만한 사랑의 내면공간이 그의 시에는 존재하는 것이다.

사랑의 중요성은 그의 시 「어둠에 대하여」에 단적으로 표명되어 있다. 그는 "모든 버려진 것을 사랑해야 한다. 남들이 먹고 걷어차 버린 깡통처럼/쭈그러진 여인의 성기까지." 라고 토로한다. 이러한 인식의 전환을 이룬 계기가 무엇인지 선명치는 않으나 이 단계에서 그의 삶은 새로운 국면으로 접어든다. 그의 시 「더 작은 고백록告白錄」은 이러한 인식이 하나의 실천으로 발현되는 과정을 보여준다. 그는 피를 팔아 산 자기의 지게를 도둑맞는다. 다시 피를 팔아 지게를 마련한 어느 날 자기의 지게를 훔쳐간 늙은 지게꾼을 발견한다. 늙은이는 지게를 빼앗긴 채 "관절 마디마디 무너져 내리는 모습으로 자꾸만 뒤돌아보며" 멀어져 간다. 그는 뛰어가 늙은이의 몸에 지게를 다시 입혀주고 만다.

 이 시를 감상적인 멜로드라마의 한 대목쯤으로 이해하는 독자는 이 시를 크게 오독한 것이다. 이 시에는 고통을 체험한 자의 담담함과 사실을 그대로 보여주는 정직함이 있다. 그리고 실제로 피를 팔아 지게를 구해 본 사람들끼리 나눌 수 있는 인정의 따스함이 담겨 있다. 저 부서져가는 지게의 형상 속에 이토록 휘황한 사랑의 등촉이 숨어 있음을 알아야 한다고 이 시는 조용히 속삭이는 듯하다. 그리하여 그는 비록 엑스트라지만 "아이에게 꽃 한 송이 쥐어주는 연기를 하고"(「엑스트라」) 싶다고 생각하며 "제 몸 차라리 땔감이 되어/그 얼음 나라를 녹이고"(「겨울 함바에서 1」)싶다고도 말한다.

 이 사랑의 정신이 가장 아름답게 발현된 작품이 「양동시편陽洞詩篇 2」일 것이다. 우선 이 시는 그 어조부터가 예사롭지 않다. "뼉다귀집을 아시는지요"로 시작되는 이 시의 어조는 꼭 알아야 한다는 강요도 아니며 몰라도 좋다는 방임도 아니다. 그러면서도 이 어조는 멀찌감치 떨어져 팔장낀 사람까지도 이 시의 현장에 애정 어린 시선을 돌리게 하는 강한 흡인력을 지닌다. 이 다정스런 어조에 흡인되어 우리는 뼉다귀집의 훈훈한 세계에 동참하게 되고 구정물과 곰팡내 속에 빛을 발하는 맑고 투명한 사랑의 정신을 발견한다. 이 시와 유사한 성격의 작품이 '춘심이'라는 부제가 붙은 「청계천 시편 3」이다.

> 춘심이는 부뚜막에 앉아 바느질을 하곤 했었지
> 잔술을 팔며, 찢겨지고 해진 막벌이꾼들의
> 작업복을 기워주고 있는 흰 솜털
> 보송송한 모습을 볼 때마다 나는 연탄불
> 위의 노가리처럼 검게 타며 오그라들었고
> 뼈 하나 남김없이 나를 씹어 먹고 싶어져 망연히
> 창밖을 바라보면 시커먼 매연의 하늘
> 가득 가득 차오르는 어스름 속, 잔광이듯
> 그 티 없이 맑은 미소의 바늘이 한 올 한 올
> 허망과 알 수 없는 분노로 터진 자리를
> 밟아올 때마다 아무리 땀 흘려도 내 몸뚱이
> 하나도 채 적시지 못하는 나의 땀방울들이
> 어느새 무거운 짐이 되어 짓눌러와 나를 더욱
> 남루의 노가리로 여위게 하곤 했지
> ―「청계천 詩篇 3 - 춘심이」 부분

이 시의 무대는 청계천 뒷길 지게꾼들이 모이는 술집이다. 지게꾼들은 하루의 헛된 노역을 마치고 막걸리에 노가리를 씹고, 술집여인 춘심이는 그들의 해진 작업복을 기워준다. 이 춘심이는 「양동시편陽洞詩篇 2」의 뼈다귀집 할머니의 또 다른 모습이며 「더 작은 고백록告白錄」에서 지게를 입혀주던 주인공의 분신이

기도 하다. 요컨대 '모든 버려진 것을 사랑하는 일'을 실천으로 보여주는 인물이다. 막일꾼들의 남루를 기워주는 춘심이의 바늘은 매연의 하늘에 지펴진 잔광이며 그들의 허망과 분노를 쓰다듬어주는 아늑한 손길이다. 이 손길이 있었기에 그들의 무너져 내리는 마음도 위안을 얻을 수 있었다. 그런데 여기서 중요한 것은 춘심이의 행동을 바라보는 화자의 태도이다. 그는 춘심이를 바라보며 말할 수 없는 부끄러움을 느낀다. 춘심이 그도 버림받고 팽개쳐진 지게 같은 존재 아닌가. 그런데 그 고난의 후미진 어디에서 노동자의 허망과 분노를 잠재우는 티 없이 맑은 미소가 샘솟는 것인가. 도대체 어디에서 그 깊고 아늑한 사랑의 정신이 떠오르는 것인가. 이러한 인식과 질문 앞에 시인은 당연히 괴로워하고 몸 둘 바 몰라 하며 스스로의 무력감을 깊이 느낀다. 춘심이의 바느질 앞에서 그는 노가리처럼 오그라들고 여위어 갈 뿐이다. 그런데 바로 이러한 인식이 참다운 사랑의 길을 우리에게 열어준다. 만일 춘심이의 행동을 일방적으로 미화하고 찬양하는 데 머물렀다면 그것은 외부에서 틈입된 관념으로서의 사랑을 제시한 것에 불과하며 이럴 경우 그것은 순식간에 허위의식에 잠겨버리고 만다. 그런데 이 시에는 시인의 자의식이 춘심이의 상대편에 자리 잡음으로써 정직한 자기인식, 정직한 사랑 만들기의 길을 터준 것이다. 이 사랑의 길트기 작업을 통하여 우리는 비로소 버려진 사람들의 삶을 우리와 동질적인 선상에서 이해하게 되고 그들의 삶에 동참하게 된다. 그리고 그들의 남루 뒤에 가려진 맑고 투명한 마음자리와 자연스럽게 해후하게 된다.

나는 김신용이 보여준 이러한 시적 성취가 더욱 널리 이해되고 더욱 뚜렷이 강조되어야 한다고 생각한다. 그것은 더 나아가 어둠을 몰아내고 사랑을 전파하는 하나의 큰 힘으로 결집되어야 마땅할 것이다. 마치 이것을 상징하기라도 하는 듯, 그의 시집 맨 끝에 실린 「기억 속의 바다」에는 "거친 밤의 파도를 뚫고" "힘줄 부르르 물방울 털며" 불쑥 솟아오르는 묵시의 몸짓이 제시되어 있다. 이 황홀하고 힘찬 유토피아의 도래를 머리에 그리며 작은 사랑을 모아가는 일이 지금의 우리에게 절실하게 필요할 것이다.

www.poempoem.kr

새 詩를 찾아서 <3>

가난서 돋는 사랑의 힘

절대 빈곤속의 모순적 마지막 무력해진 言語 삶의 肉質로 승화

'버려진 사람들'
김신용

◎「바라보면 언제나 막막한 이 시멘트 빌딩, 나는 모든 버려진 것들을 사랑해야했다」

한국일보 1989년 10월 1일자 신문기사

이 도서의 국립중앙도서관 출판시도서목록(CIP)은 서지정보유통지원시스템 홈페이지 (http://seoji.nl.go.kr)와 국가자료공동목록시스템(http://www.nl.go.kr/kolisnet)에서 이용하실 수 있습니다. (CIP제어번호: CIP 2015017926)

포엠포엠 시인선 009

버려진 사람들

김신용 시집

초판 발행　1988년 11월 5일~3쇄 발행
개정판 1쇄 발행　2015년 7월 7일

지은이　김신용
펴낸이　한창옥 성국
디자인　성국
펴낸곳　도서출판 **포엠포엠 POEMPOEM**
출판등록　25100-2012-000083
본　사　서울시 송파구 잠실로 62 트리지움 308-1603 (05555)
편집실　부산시 해운대구 마린시티 3로 37 오르듀 1322호 (48118)
출간 문의　010-4563-0347, 02-413-7888 FAX. 051-911-3888
메　일　poempoem@hanmail.net
홈페이지　www.poempoem.kr
제작 및 공급처　산업디자인전문회사 두손컴

정가 10,000원

ISBN 979-11-86668-02-3　03810

* 저자와 협의 아래 인지를 생략합니다.
* 이 책의 저작권은 저자와 출판사에 있습니다.
　저자 허락과 출판사 동의 없이 무단 전재 및 복제를 금합니다.
* 잘못 만들어진 책은 바꿔드립니다.